KARLHEINZ BARTEL

Zen leben – Christ sein

KARLHEINZ BARTEL

Zen leben –
Christ sein

Was die Kirche
vom Buddhismus lernen kann

FREIBURG · BASEL · WIEN

© Verlag Herder GmbH, Freiburg im Breisgau 2019
Alle Rechte vorbehalten
www.herder.de

Satz: Daniel Förster, Belgern
Herstellung: CPI books GmbH, Leck

Printed in Germany

ISBN Print 978-3-451-38610-7
ISBN E-Book 978-3-451-81524-9

allen,
die die wahrheit
erleben
wollen

Wir hegen die Saat,
die unsere Vorgänger säten,
nicht weniger zärtlich,
wenn wir sie von Zeit zu Zeit
in ein neues Erdreich pflanzen,
auf dass sie freier aufwachsen möge.

Sir Arthur Eddington

Inhalt

Vorwort

Seit ich aufgewacht bin – es waren die ersten Jahre auf dem Gymnasium –, habe ich nach dem »Archimedischen Punkt« gesucht, nach Einblicken in die Lebensrätsel, nach der »zentralen Ordnung«, nach dem »Dharma«, nach dem, »was die Welt im Innersten zusammenhält«, sagen wir einfacher nach »Gott«.

Ich suchte mithilfe der Theologie, der Philosophie und der Psychologie. Wäre ich früher darauf gekommen, dass diese Suche das Thema der großen Epoche der Physik zu Beginn des 20. Jahrhunderts war, hätte ich bestimmt mithilfe der Physik gesucht. Max Planck, Niels Bohr, Albert Einstein, Werner Heisenberg, Stephen Hawking, Hans-Peter Dürr u.a. kann man lesen. Ob man sie allerdings versteht und ob sie die tiefen Zusammenhänge der Welt und deren Bedeutung verstanden haben, ist eine andere Sache. Und ob wir in unserem Erkenntnisdrang mit den Neuro- und Kognitionswissenschaften wirklich weiterkommen, durch die wir in jüngster Zeit erfahren, dass so etwas wie unser »Ich« lediglich von unserem Gehirn erzeugt wird und etwas wie das persönliche »Selbst« gar nicht existiert, das ist die Frage. Spät entdeckte ich, dass der Buddhismus eine Antwort hat. Welche, das gilt es zu explizieren.

Heute nun kommt ein weiterer Umstand hinzu, der dieser Suche eine gewisse Dringlichkeit verleiht. Wir wissen, dass wir in den wenigen letzten Jahrzehnten damit begonnen haben, unseren wunderschönen Planeten Erde und damit unsere Lebensgrundlage und uns selbst auf allerschlimmste Weise zu gefährden. Die bereits empfindlich geschädigte Umwelt unseres viereinhalb Milliarden Jahre alten Planeten spiegelt uns diese Tatsache täglich. Auf eine Katastrophe folgt die nächst schlimmere. Dennis Meadows, der wissenschaftliche Analytiker und Prophet der »Grenzen des Wachstums«[1] samt dem »Club of Rome« mit dessen »Bericht zur Lage der Menschheit« weisen uns seit den 1970er-Jahren auf das Desaster hin. Zuletzt wiederholte Dennis Meadows am 24. Oktober 2011 in der Enquete-Kommission »Wachstum, Wohlstand, Lebensqualität«[2] des Deutschen Bundestages, dass sich die Aussichten für die Menschheit in 40 Jahren leider nicht geändert hätten, im Gegenteil. Und er äußerte die Meinung, dass es für ihn darum auch jetzt keinen Grund gebe, anzunehmen, dass die Menschheit das Problem fortdauernder Zerstörung in den Griff bekommen werde.

Darüber hinaus beschäftigen uns seit dem Anschlag auf das World Trade Center in New York im Jahr 2001 die IS-Terroristen aus dem Nahen Osten, die ohne Respekt vor dem Leben ständig und unberechenbar irgendwo in der Welt zuschlagen. Sie verunsichern und ängstigen die Menschen und sorgen auf ihre krankhafte Weise dafür, dass Krieg, Elend und Chaos in der Welt nicht weniger werden. Wir im Westen müssen allerdings auch darüber nachdenken, was unser Anteil an dieser Misere ist.

Damit haben wir noch nicht gesprochen über das Problem der Klimaflüchtlinge, die sich aus verzweifelter Lage, in der Hoffnung auf ein besseres Leben, weiter übers Mittelmeer von Afrika nach Europa auf den Weg machen. Und wir haben nicht gesprochen über China, das als Global Player dabei ist, sich im Ranking mit den USA und Russland welt- und wirtschaftspolitisch an die Spitze zu setzen. Geschweige denn, dass wir den Blick auf das Silicon Valley gerichtet hätten, von dem ausgehend Digitalisierung und Künstliche Intelligenz unser Leben künftig verändern werden.

Während die Welt aus den Fugen gerät – oder müssen wir sagen: in Flammen steht –, verhalten sich die meisten Menschen immer noch wie Schlafwandler, die nicht sehen (wollen), was ist, und wenn sie sehen, was ist, nicht wissen wollen, was sie tun sollen.

Wenige sind aufgewacht. Aber das reicht nicht. Wenn wahr bleibt, dass alle Menschen künftig in einer intakten Umwelt und in Frieden leben wollen, dann ist es allerhöchste Zeit, dass alle aufwachen, aufstehen, umdenken, umkehren und aktiv werden, allen voraus die Sehenden und Wissenden. Was wir brauchen, ist ein kollektives –, ein Menschheitserwachen. Anders werden wir als Spezies »homo sapiens« unserem Namen nicht gerecht, und das »Projekt Mensch«, fürchte ich, wird scheitern.

Aus den immer zahlreicher werdenden Beiträgen zur gefährlicher werdenden Situation der Menschheit geht hervor, dass eine grundlegende Umformung angesagt ist, eine Umformung, wie sie Gautama, der Buddha, wie sie die Propheten Israels und wie sie Jesus, der Christus, zu ihrer Zeit gefordert haben, eine Wende des Denkens, mehr noch unseres Verhaltens gegenüber der Erde und den Mitmenschen, eine innere Umkehr und neue Hinkehr zu unseren Werten und Zielen, ja zu unserem Selbstverständnis als »homo sapiens«. Heute, da der »Untergang des Abendlandes«,[3] der »Clash of Civilizations«,[4] »The End of History and the last Man«,[5] das »Ende der Welt«[6] bevorzustehen droht, duldet die Situation kein Verdrängen, kein Aufschieben, schon gar kein Weglaufen mehr.

Was die meisten bei uns seit wenigen Jahrzehnten tun, ist, dass sie verdrängen, aufschieben und weglaufen. Was das

Schlimme daran ist? Sie verteidigen »ihren« Wohlstand als Recht. Und sie tun das mit Zähnen und mit Klauen, meist ohne zu merken, dass sie einem krankhaften Egoismus verfallen sind. Dieser Egoismus folgt nicht nur der ihm innewohnenden Steigerungslogik, sondern er folgt dem Gesetz der Steigerung um jeden Preis, d.h. er geschieht ohne die geringste Rücksicht auf andere. Und was nicht minder verantwortungslos ist: Er geschieht eigentlich ohne die geringste Rücksicht auf sich selbst. Was wirklich weiterbringen würde, das wäre aber, bewusst weniger und das Weniger anders zu machen, statt gedankenlos und mit schlechtem oder sich selbst eingeredetem gutem Gewissen immer mehr zu tun.

Da in der Menschheit bei Gefahren das Wissen »um das Rettende auch« (Hölderlin) bewahrt ist, wird viel davon abhängen, dass diejenigen, die erkannt haben, mit ihrer ganzen Person am Rettenden arbeiten, denn wir können viel bewirken, wenn wir nicht einfach so weitermachen, sondern aufstehen, umkehren und anders machen.

Und weil die Religionen, namentlich die monotheistischen Religionen Judentum, Christentum und Islam, mindestens Teil des Problems sind, wenn sie das Problem durch die Betonung des Menschen als »Krone der Schöpfung«[7] nicht gar mit ausgelöst haben, möchte ich, nicht zuletzt weil ich selbst Christ bin, den Blick kritisch genug – auch aus östlicher Perspektive – auf das Christentum richten, um aus seinem Ursprung und seiner Mitte heraus Wege aus der Gefahr, und das heißt heute: die Mitte, bzw. das verloren gegangene menschliche Maß, zu suchen. Ich kann nicht glauben, dass wir damit zu spät dran sein sollen.

Karlheinz Bartel   Stuttgart, im Februar 2019

Einleitung

1. Der Verfall von Kirche, Christentum und Glaube

Die Kirchenbänke in beiden großen Kirchen werden leerer und leerer. In den letzten zwanzig Jahren ist das Interesse an der Kirche in Deutschland kontinuierlich gesunken. Entkirchlichung schreitet in einem Maße voran, wie es für Menschen, denen an Kirche gelegen ist, nicht erschreckender sein kann. Mitglieder der evangelischen Kirche in Deutschland 2003: 25,8 Millionen, 2015: 22,3 Millionen.

Ich hätte es kaum geglaubt, hätte ich es im Sommer 2018 in zwei norddeutschen Großstädten, in zwei protestantisch-lutherischen Hauptkirchen, nicht selbst erlebt: Freitagabend, 21 Uhr. In der Andacht bei Kerzenschein, Spiel eines Saxophonisten, 16 ältere Damen sind anwesend in der mindestens 600 Besucher fassenden Kirche. An einem Bistrotisch, während des Spiels, drei – ich vermute dem Stadtpfarrer bekannte – Besucherinnen bei einem Alsterwasser, schäkernd im Gespräch über mutmaßlich Alltägliches. Ist das von Kirche übrig geblieben? In der anderen Hauptkirche, am anderen Ort: Alles ausgeräumt, keine Bänke, keine Orgel, über dem nackten Altarstein ein Gekreuzigter in üblem Zustand, auf dem Fußboden zwischen den weiß überkalkten Backstein-

wänden eine in Kreuzform gelegte Ausstellung eines afrika-
nischen Künstlers mit Texten, die den Kolonialismus des aus-
gehenden 19. Jahrhunderts anprangern.

Alles recht und gut, aber ist das alles, was von eintausend-
siebenhundert Jahren Christentum und Kirche übrig geblieben ist?

Freunde fragten mich, was ich als Pfarrer und christlicher
Theologe dazu zu sagen habe. Was ich dazu sage, steht im
vorliegenden Buch, es ist der ausschlaggebende Grund dafür,
dass ich dieses Buch schreibe.

Der Vertrauensverlust in Bezug auf die Religion, besonders in Bezug auf deren institutionelle Vertreter, ist allenthal-
ben spürbar. Aufmerksame Menschen empfinden, dass das
Abendland mit seinem System Christentum am Ende ist.

Ist das Christentum wirklich tot? Ist Gott endgültig gestorben? Bin ich, der immer noch überzeugte Christ, zum Anhänger einer Loser-Religion geworden?

Mit der Entkirchlichung einher geht ein massiver Glaubensverlust. In der Tat: Man kann heute nicht mehr so glauben, wie man früher glaubte, zum Teil glauben musste, weil
man religiös zum Für-wahr-Halten von Lehrsätzen erzogen
wurde. »Und – so ist mein Gedanke, o Erhabener – keinem
wird Erlösung zuteil durch Lehre«[1], sagt Hermann Hesse in
»Siddharta«. Ein so kluger und vernünftiger, auch der Religion gegenüber so aufgeschlossener Politiker wie Helmut
Schmidt distanzierte sich mehr und mehr vom Christentum
und vom Glauben an Gott, wie er ihm in Konfirmandenzei-
ten abverlangt wurde. Helmut Schmidt steht für viele, die mit
dem Glauben, wie man ihnen denselben traditionell vermittelt, heute nichts mehr anzufangen wissen.

Der Verlust hat viele äußere Ursachen, ganz besonders
aber zwei tiefer liegende, theologische Gründe, wie ich mei-

ne. Der eine ist, dass an *Vorstellungen* von Gott geglaubt wird, statt an den *wirklichen* Gott. Der andere ist das *falsche* Verständnis des Religionsstifters Jesus.

Obwohl man, durch die »Moderne Theologie« gelehrt, heute aufgrund des größeren geschichtlichen Abstandes genauer als Paulus und die frühe Kirche wissen kann, dass zwischen dem »historischen Jesus« und der Konstruktion des »verkündeten Christus« unbedingt unterschieden werden muss, wird diese Unterscheidung in den Kirchen leider immer noch nicht, jedenfalls nicht sorgfältig genug, getroffen und entsprechend nicht vermittelt. Mit anderen Worten: Statt einen »Jesus« weiterzugeben, der ansprechend lehrte und beispielhaft vorlebte, wie man das macht, das alltägliche Leben »vor Gott« zu führen, jubelte man ihn – in blindem Glauben – bald schon zu einem »Gott« hoch. So blieb das damals kultisch erstarrte Judentum in der Form jüdischer Orthodoxie als Mainstream im Grunde bis heute unreformiert bestehen. Und so entstand ein Christentum, das durch eine geschickte Verbindung mit der griechischen Philosophie kulturell zwar Erstaunliches hervorgebracht hat, mit seiner Dogmen- und Schulstubenmentalität allerdings »verdunsten« *muss*. Statt zur Verlebendigung des Glaubens war es erneut zu kultischer Erstarrung und zu einem Traditionalismus bzw. Fundamentalismus gekommen, den zum Leben aufzubrechen, Jesus angetreten war, den zum Leben zu bringen unsere dauernde Aufgabe ist.

Man wird sagen müssen, dass sich traditionelle Religion und Metaphysik, mindestens seit der Aufklärung, im beschriebenen Sinkflug befinden. Diesen Zustand zeigte kaum einer deutlicher auf als der kritische Geist und Prophet der Moderne Friedrich Nietzsche. Er schrieb vor etwas über einhundert Jahren:

»Das Christentum zerbricht an sich selber, weil es nämlich von seinem Beginn an sich vom unmittelbaren Leben abgekehrt hat und eben darin vom Grunde her nihilistisch geworden ist.«[2]

Die dem Christentum zwangsläufig innewohnende Konsequenz zum Zusammenbruch sehend, konnte der begabte Pfarrerssohn geduldig darauf warten, dass das Christentum durch den Zusammenbruch hindurch zu seinem Wesentlichen zurückfinden wird:

»Doch wiederum: Der Zusammenbruch des Christentums kommt aus ihm selber, aus dem in ihm gezüchteten Instinkt der Wahrhaftigkeit heraus. Daher ist jetzt der Zeitpunkt gekommen, wo die Ehrfurcht gebietende Katastrophe einer zweitausendjährigen Zucht zur Wahrheit sich als Lüge im Glauben an Gott verbietet.«[3]

Dass es mit der Wende nicht so schnell ging, wie er es zu Lebzeiten wohl noch erwartet hatte, musste Friedrich Nietzsche dann allerdings auch merken. Wie anders hätte er den Laternenanzünder in der »Fröhlichen Wissenschaft« die Laterne auf dem Marktplatz hinschmeißen lassen, dass sie »in Stücke sprang«, weil die Herumstehenden noch nicht gemerkt hatten, dass der »Gott der Tradition« tot sei und die Kirchen allenfalls noch die »Grüfte und Grabmäler Gottes« verwalteten. Als Grüfte- und Grabmalverwalter wäre ich mir letzten Sommer vorgekommen, hätte ich nicht längst einen Weg gefunden gehabt, den Glauben neu und tiefer zu verstehen.

Nicht weniger deutlich hatte Kierkegaard formuliert, dass eine Christenheit, die »in ihrer Kunstauffassung den erhabenen Menschen Jesus ästhetisierend als ehrwürdige, historische Figur« verherrliche, »der ihr inhärenten Verpflichtung nicht gerecht werde, Nachfolger und nicht Bewunderer des Herrn«[4] zu gewinnen.

2. Die Notwendigkeit grundlegender Neugestaltung

In Zeiten wie den heutigen, die manche als mit Blick auf neueste Entwicklungen als »postfaktisch« beschreiben, Zeiten,
die durch die Digitalisierung aller Lebensbereiche immer
noch nobler, schneller und damit zwangsläufig oberfläch-
licher werden, Zeiten, in denen das Christentum erodiert,
die Kirche verkommt, der Glaube, wo er sich nicht ins funda-
mentalistische Schneckenhaus verkriecht, versiegt und, ganz
schlimm: Wir dabei sind, die Grundlagen des Lebens zu zer-
stören, gibt es für diejenigen, für die der Glaube ebenso be-
deutungsvoll ist wie das Leben, keine wichtigere Aufgabe,
keinen besseren Weg aus der Gefahr als einen »Reset«. Sich
die Erneuerung des Christentums vorzunehmen, d.h. den
Glauben und das Leben neu und zeitgemäß zu denken, ver-
ständlich zu formulieren, aktiv zu praktizieren und attraktiv
zu kommunizieren, ist die Aufgabe.

Mit der Forderung nach einer heute anstehenden, gründ-
lichen, neuen »Reformation des Christentums« bin ich weder der Erste noch der Einzige. Viele Kolleginnen und Kollegen, die sich in täglicher und wöchentlicher Berufsarbeit
der Interpretation biblischer Texte stellen, teilen mein Anliegen. Theologisch sind mit dem Anliegen in letzter Zeit u.a.
hervorgetreten: Klaus-Peter Jörns[5], Friedrich Wilhelm Graf[6]
und Hubertus Halbfas.[7] Klaus-Peter Jörns, indem er acht
»Notwendige Abschiede« von überlieferten Glaubensvorstel-
lungen formuliert; darunter von der Vorstellung der Absolutheit des Christentums und der Lehre vom Sühnopfer Jesu. Friedrich Wilhelm Graf, indem er »Sieben Untugenden
der Kirche heute« anprangert; darunter ihre Sprachlosigkeit,
Bildungsferne und ihren Moralismus, neben dem oftmals

selbstherrlichen Auftreten ihrer Repräsentanten und generell
ihrer Zukunftsverweigerung. Hubertus Halbfas, indem er die
Wahrheit Jesu von der Wahrheit der Glaubenslehre deutlich
unterscheidet und zur »Neuerfindung des Christentums«
aufruft. Vor diesen, die beispielhaft für den notwendigen
Wandel in Theologie, Kirche und Gesellschaft stehen, hatte
kein Geringerer als der renommierte Physiker und Philosoph
Carl Friedrich von Weizsäcker das Anliegen einer anstehenden »neuen Theologie« formuliert. Georg Picht erinnert in
seiner Laudatio anlässlich des an von Weizsäcker verliehe-
nen Friedenspreises des Deutschen Buchhandels 1963 daran,
dass von Weizsäcker bedauert habe: »So vollzieht Weizsäcker
den Überschritt zur Theologie und stellt zugleich fest, dass es
die Theologie, nach der er fragt, bis zur gegenwärtigen Stunde nicht gibt.«[8]
    Dasselbe konstatiert der nicht weniger renommierte So-
ziologe Niklas Luhmann, wenn er in seiner Religionssozio-
logie als einem zentralen Teil der modernen Gesellschafts-
theorie, einen gewissen Kees W. Bolle aufnehmend, schreibt:
»Man könnte der Vermutung folgen, daß die moderne Gesellschaft ihre Religion, daß sie eine für sie passende Religion
noch nicht gefunden habe und folglich experimentiere – teils
mit gepflegten Absonderlichkeiten, teils mit Religionskritik
(im Sinne der Lehre vom Tod Gottes), teils mit einem ag-
giornamento ihrer Dogmen, teils mit der Verschreibung ge-
riatrischer Medizin für ihre Organisationen. Oder mit Text-
fundamentalismus oder mit pluralistischen Angeboten, aus
denen jeder sich das für ihn Passende aussuchen kann. Oder
mit Zusatzlegitimationen wissenschaftlicher Art im Stile des
New Age oder mit neurophysiologischen Forschungen, die
Meditation und Mescalin, Derwischtanzen und mexikani-
schen Pilzkult als Varianten möglicher psychoanalytischer

Therapien zur Disposition stellen. Oder mit rasch wech-
selnden, immer aber oppositionellen Ausdrucksmethoden
wie flower power oder Besorgnis um das Schicksal künfti-
ger Generationen oder jetzt schon an Hunger Sterbender.
Säkularisierung könnte man dann auch als Aufräumaktion,
als Planierung des Terrains verstehen, auf dem sich danach
zeitangepasste religiöse Formen entwickeln könnten.«[9]

Es ist wahrlich an der Zeit, eine solche Theologie in Ansät-
zen wenigstens zu skizzieren.

Wer die Forderung des Neudenkens, der Neuformulie-
rung, damit die Forderung der notwendigen, radikalen »Reformation des Christentums« – nach der »kirchlichen Reformation« Martin Luthers – als einer Reformation, die »alle
Dinge in die Wiedergeburt zum Leben«[10] führen soll, erhebt,
ist sich dessen bewusst, dass das nicht ohne schmerzliche,
aber notwendige Abschiede von althergebrachten Glaubens-
lehren und Schulweisheiten geht. Dies sind: die Lehre von
der Trinität, die Zweinaturenlehre, das Sühnopferkonzept,
die Erlösungslehre, die Prädestinations- und Präexistenzleh-
re, die Erbsündenlehre, die Verbalinspirationslehre, das Ab-
solutheitsverständnis etc. Als 21-Jähriger schon nahm der
Theologiestudent Rudolf Bultmann, der später für die Erneuerung des Christentums noch wichtig werden wird, An-
stoß daran, dass die Dogmatiker in der Theologie an überkommenen Lehrsätzen festhielten und nicht fähig waren,
die in den historischen Fächern der Theologie erzielten Erkenntnisse fruchtbar zu machen, wenn er am 5. Juni 1905 an
seinen Freund Walther Fischer schrieb: »Augenblicklich ist
mein größter Ärger die Dogmatik. Da brauchen wir wirklich eine Reform. Was wird da doch für ein Unsinn beibe-
halten von ›Offenbarung‹, ›Trinität‹, ›Wunder‹, ›göttliche Ei-
genschaften‹, es ist fürchterlich. Und alles geschieht nur zur

Liebe der Tradition. Ich habe ja leider im eigenen Hause und
in der weiteren Familie Gelegenheit genug zu sehen, mit welcher unglaublichen Zähigkeit die alten Traditionen festge-
halten werden, und welches traurige Unheil oft dadurch entsteht.«[11]

Auf der anderen Seite bringt die Bemühung, das Christentum als Religion im Zeitalter der Digitalisierung neu entstehen zu lassen, einen nicht zu unterschätzenden Gewinn an
Rationalität, Authentizität und Glaubwürdigkeit, damit aber
an Realität, Relevanz und Effizienz.

Indem wir, wie immer nötig, wenn man Vergangenes erhalten und für die Gegenwart nutzbar machen möchte, erneut nach dem Wesentlichen des Christentums fragen, stellen wir zugleich die Frage danach, was zu erfülltem Leben
führt; denn nicht um Religion im Sinne des spezifischen Got-
tesglaubens einer Gemeinschaft, wie wir das Wort Religion
gewöhnlich verstehen, geht es letztlich, sondern um das Leben der Menschen, dem sie dient und auf das sie sich bezieht, um unser Leben. Religion ist dazu da, unser Leben anders, tiefer und schöner werden zu lassen. Und wir sind dazu
da, uns am Leben zu freuen. Ganz wie der palästinensische
Philosoph und Politiker Sari Nusseibeh einmal formulierte:
»Man muss den Leuten ermöglichen, dass sie sich der Religion ihrer Schönheit wegen und nicht aus falschen Gründen
zuwenden.«[12]

Nach dem Sinn des Lebens, nach Glück, Zufriedenheit,
Freude und Erfüllung zu fragen, ist nun wahrlich kein neues Unterfangen. Es beschäftigt die Menschen von Anbeginn
und immer. Es ist die Urfrage der Menschheit, seit es sie gibt.
Und sie findet ihren literarischen Niederschlag außer in den
heiligen Schriften der Religionen selbstverständlich in den
philosophischen Schriften aller Zeiten. Die Frage nach dem

glücklichen Leben stellten Aristoteles[13] und Seneca[14]. In unserer Zeit bearbeitet sie Wilhelm Schmid.[15] Sie findet sich bei Richard David Precht[16] wie bei Hartmut Rosa[17] und nicht zuletzt beim Dalai Lama,[18] um sehr eklektisch nur diese Namen zu nennen. Die Menschen mit dem Wesentlichen des Christentums in Bezug auf das Leben vertraut zu machen, bleibt die dauernde Aufgabe, zuerst die aller Pfarrerinnen und Pfarrer.

3. Aufbau und Vorgehensweise

Da für den Neuaufbruch die Kenntnis von innerhalb der Religion ebenso notwendig ist wie die Annahme eines Standpunktes außerhalb, beginne ich mit der Skizzierung des für mich wichtigsten Außerhalb. (Teil I) In unserem Fall ist das der lebendige Buddhismus, wie er sich heute vor allem im japanischen Zen äußert.

Ich beschreibe dann das Christentum als Weg der »Gotteserfahrung«, in der alle Religion »aufgehoben« wird. (Teil II)

Schließlich werde ich eine Praxis vorschlagen, die durch Übung in diese Aufhebung hinein und durch sie hindurch führt, hin zu einer neuen, religiösen und zugleich religionsübergreifenden, zeitgemäßen, mystischen Spiritualität. (Teil III)

Teil I

Der lebendige Buddhismus – ein Weg

»Sollte in 1000 Jahren ein Historiker die Geschichte unserer Tage schreiben, so wird er sich weniger mit dem Vietnamkrieg, dem Kampf zwischen Kapitalismus und Kommunismus oder dem Rassismus befassen, als vielmehr mit dem, was sich ereignete, als Christentum und Buddhismus sich tief zu beeinflussen begannen.«[1]

Arnold Josef Toynbee

»Ich glaube, dass die Menschen ein Leben in Frieden und Harmonie führen werden, wenn die westlichen Kulturen und der Buddhismus zusammenkommen und sich gegenseitig befruchten.[2]

G.W. Nishijima

1. Überheblichkeit überwinden

In Zeiten, in denen Europa »glaubensmüde«[3] geworden ist und alleine nicht mehr gut weiterkommt, hilft neben dem Impuls zur Veränderung, der aus dem Christentum selber kommen muss, m. E. der Blick über den eigenen Kirchturm hinaus. Dies ist in der globalisierten Welt der Dialog mit den Anderen, namentlich mit den religiösen oder weltanschaulichen Traditionen des Mittleren und Fernen Ostens.

Diesen auf Augenhöhe mit dem lebendigen Buddhismus zu führen, kann allerdings nur unter der doppelten Voraussetzung geschehen, dass wir vom hohen Ross unseres christlichen Absolutheitsanspruchs heruntersteigen. Deutlich haben das 1779 Gotthold Ephraim Lessing in »Nathan der Weise« und 1902 Ernst Troeltsch[4] zum ersten Mal gefordert. Und zu meinem Erstaunen hat die Evangelische Kirche in Deutschland (EKD) 2003 den Absolutheitsanspruch aufgegeben.[5] Es kann weiter nur geschehen, wenn wir bereit sind, unsere Vorurteile und falschen Vorstellungen von anderen Religionen loszulassen bzw. zu korrigieren. Das bedeutet auch, uns interreligiös nicht länger als Besserwisser, sondern als Partner zu begegnen.

Wir führen den Dialog auf dem Niveau, an welches Hans-Georg Gadamer die berechtigte Anforderung stellt, es müsse anerkannt werden, »dass nicht wir, sondern unser Gegenüber recht haben könnte«.

Übliche Vorurteile gegenüber Buddhisten sind: Christen glauben an Gott, Buddhisten sind Atheisten. Christen glauben an ein Leben nach dem Tod, Buddhisten an Seelenwanderung, Reinkarnation und ans Nirwana. Christen kümmern sich um den Nächsten, Buddhisten meditierten und kümmern sich vor allem um sich selbst.

So falsch die seit Gottfried Wilhelm Leibniz (1646–1716) verbreiteten negativen Wahrnehmungen des Buddhismus sind, so defizitär, ohne genügende Kenntnis und von oben herab erscheint mir auch die Sicht des großen Georg Wilhelm Friedrich Hegel.

Georg Wilhelm Friedrich Hegel

Weil dieser Philosoph des Deutschen Idealismus zu Recht den größten Philosophen, Religions- und Christentums-Denkern zugerechnet wird, sei dessen Sicht des Buddhismus stellvertretend für westliche Überheblichkeit skizziert.

Hegel kommt in seinen »Vorlesungen über die Philosophie der Religion« auch auf den Buddhismus zu sprechen. Er handelt denselben ab unter dem Stichwort »Die Religion des Insichseins«.[6] Die Meditationspraxis des Buddhismus als Selbstbeschäftigung abwertend, ohne sie auch im Ansatz nur verstanden, geschweige denn praktiziert zu haben, kommt er auf die wichtigsten »Sonderbarkeiten«[7] zu sprechen, als da seien: Statt an Gott zu glauben, glaubten Buddhisten an das Nichts oder an die Leere. Gautama, den Buddha, ebenso den Dalai-Lama, würden sie, was ihm »am widerwärtigsten, empörendsten, unglaublichsten«[8] erscheine, als Gott verehren. – Wäre nicht analog zu bemerken: Christen verehren die Person des historischen Jesus unter dem Titel »Christus« ebenfalls als »Gott«, wogegen Hegel offenbar nichts einzuwenden hat.

Den Buddhismus als Religion der Selbstvernichtung beschreibend, bleibt dem Philosophen des Weltgeistes die Praxis des Buddhismus völlig fremd. Damit bedient er hervorragend das bis heute vielfach immer noch gängige Vorurteil, nach dem diese Weltreligion, wenn sie denn überhaupt als Religion gesehen wird, übergangen werden könne.

Hegel verbaute damit ebenso wie Leibniz aufgrund seines großen Einflusses m.E. für viele Menschen auf viele Jahre hinaus jegliches ernsthafte Interesse, sich mit dieser »Religion« bzw. Weltanschauung bzw. spirituellen Praxis ernsthaft zu befassen.

Aus heutiger Sicht erscheint uns die Behandlung einer so bedeutsamen Denk- und Lebenspraxis, wie sie der lebendige Buddhismus darstellt, als ebenso arrogant wie ignorant. Immerhin hat der Buddhismus über Jahrhunderte das Leben der Menschen in Indien, Tibet, China, Thailand, Korea bis hin nach Japan geprägt. Dabei kam er ohne große Gewaltanwendung, Religionskriege, Inquisitionen, Kreuzzüge und Hexenverbrennungen aus. Man fragt sich, worin sich Hegel von allgemein verbreiteten, herkömmlichen Ansichten noch abhebt. Eine Unterscheidung in dieser Hinsicht dürfte man von einem Geist seiner Größe doch wohl erwarten.

Dass Hegel den Buddhismus respektlos abkanzelte, mag man ein wenig damit »entschuldigen«, dass er sich zu damaliger Zeit damit eben auch nicht besser auskannte als jedermann, der diese »Weltreligion« nur vom Hörensagen kannte. Dass er sich um die Weltreligion Buddhismus nicht intensiver bemühte, mag jedoch den Hauptgrund in seiner eigenen Philosophie haben.

In seiner Philosophie bleibt Religion allgemein, damit der Buddhismus wie die christliche Theologie, die sich mit den Inhalten der christlichen Religion befasst, im Bereich der »Vorstellung« von »Gott« stehen, während die Philosophie es sei, welche die »Vorstellung« aufhebe und den Menschen dadurch zur »unmittelbaren Gewissheit« führe: »Es ist allein noch um das Aufheben dieser bloßen Form zu tun«,[9] in der sich das Sein als »das absolute Wissen oder der sich als Geist wissende Geist«[10] seiner selbst durchsichtig werde und so zu sich selber komme. Für dieses Erkennen, welches das »absolute Wissen« darstelle, sorgt nach Hegel konsequent allein die Philosophie, weil sie ohne Vorstellungen, aufgrund reinen Denkens arbeite. Sie folgt daher notwendig auf die Theologie, genauer gesagt: Sie nimmt die Theologie in sich auf.

Philosophie und Theologie sind dasselbe

Nach meinem Verständnis hielt Hegel, wie viele bis heute, viel zu sehr am Christentum als einer »Offenbarungsreligion« fest, damit aber an einem Verständnis von Theologie, nach dem die Theologie ausschließlich von »Vorstellungen« bestimmt sei. Das führte dazu, dass er die *Philosophie* als diejenige Wissenschaft, welche die »Vorstellungen« überwindet, indem sie die Wirklichkeit beschreibt, wie sie ist, konsequent über die Theologie stellen *musste*.

Diesem Verständnis von Theologie möchte ich ein Verständnis von Theologie entgegensetzen, nach dem gerade die *Theologie* es ist, die zum Denken der Wirklichkeit einschließlich des Phänomens »Offenbarung« anleitet, sie sozusagen vorstellungsfrei auf den Begriff bringt, und dass es gerade die recht verstandene Theologie ist, die die Aufgabe hat, die Menschen auf das vorstellungsfreie Leben, den »Logos« von »Theos«,[11] wie das Wort schon sagt, anzusprechen, den Sinn der Wirklichkeit also zu ergründen und ihn zu diesem hinzuführen.

Wer wäre ich, wollte ich die im Wissenschaftsbetrieb eingebürgerte, übliche Unterscheidung von Theologie und Philosophie aufheben. Versteht man die Aufgabe der Theologie allerdings auf die hier beschriebene Weise des gedanklichen Ergründens der Wirklichkeit einschließlich des Phänomens »Offenbarung«, ist an einer prinzipiellen Unterscheidung von Theologie und Philosophie nicht länger festzuhalten, ist vielmehr hinsichtlich der Tatsache, dass beide Geisteswissenschaften das »eine göttliche Leben«, den »Theos« zu denken und darzustellen suchen, deren Koinzidenz, wie wir noch genauer sehen werden, festzustellen. Die Unterscheidung wie die im Gegensatz dazu stehende prinzipielle Gleichbedeutung sehe ich übrigens gerade auch bei Hegel, der mich Letztere zu sehen lehrte, wenn er in den Vorlesungen über die Philosophie der Religion schreibt:

»Die Philosophie hat den Zweck, die Wahrheit zu erkennen, Gott zu erkennen, denn er ist die absolute Wahrheit; insofern ist nichts anderes der Mühe wert gegen Gott und seine Explikation.«[12]

»In der Philosophie, welche Theologie ist, ist es einzig nur darum zu tun, die Vernunft der Religion zu zeigen.«[13]

Die Unterscheidung von Philosophie und Theologie sehe ich lediglich noch als arbeitsteilig begründet, etwa so, dass Philosophie zum Denken der Wirklichkeit mehr anhand *philosophischer* Texte anleitet, während Theologie dasselbe eher anhand *religiöser* Texte tut. Unter der Prämisse nun allerdings, dass es beiden Geisteswissenschaften um ein und dasselbe geht, nämlich die Wirklichkeit zu ergründen, macht eine Unterscheidung keinen Sinn mehr, wäre sie also aufzuheben und künftig allein noch von »Theologie« zu reden.

2. Zen – der lebendige Buddhismus

Ganz anders als bei Hegel, der die Wirklichkeit wie kein anderer denkend auf den Begriff zu bringen versteht, begegnete mir in meinen Studien, Übungen und in der Person eines der hervorragendsten und authentischsten japanischen

Zen-Meisters eine Lebensphilosophie, bzw. die Lebendigkeit einer Praxis, die durch Art und Inhalt, wie sie zur Wahrnehmung der Wirklichkeit einlädt, das Zeug hat, uns zu dem
Quantensprung zu verhelfen, der dran ist und der uns heute, wie ich finde, christlich und als Menschheit weiterbringt.

Indem uns die spirituellen Anregungen und Übungen aus
dem Osten der Wahrnehmung der Wirklichkeit näherbringen, bringen sie uns zugleich unseren eigenen christlich-spi-
rituellen Wurzeln näher. Ich möchte das im Einzelnen zeigen.

Um meine Hegelkritik, was dessen Rezeption des Buddhismus betrifft, auf den Punkt zu bringen, möchte ich meiner Darstellung des lebendigen Buddhismus an dieser Stelle schon die kritisch verstandene, darum rhetorisch gestellte
Frage vorausschicken, ob in der Zenpraxis, dem authenti-
schen, wahren und lebendigen Buddhismus, die Unmittelbarkeit des Wirklichkeitserlebens nicht *ganzheitlich* erreicht
wird, die Hegel lediglich auf dem *Denkweg* erreicht?

Ob wir von »Wahrnehmung der Wirklichkeit«, »Realisieren der Realität«, vom »rein phänomenologische(n) Wesen
des Lebens« oder davon sprechen, ein »gutes, glückliches, zufriedenes, ein alltäglich achtsames Leben zu führen«, bleibt
sich gleich, geht es doch wesentlich darum, dass wir »voll
und ganz im Augenblick leben«, »in jedem Moment da sind«
oder, knapper substantivisch gesagt, geht es allein um »Präsenz im Präsens«.

Genau das aber ist der Kern des *lebendigen* Buddhismus:
Präsenz im Präsens. Das ist im Zen die achtsame Übung des
alltäglichen Lebens und wird in der Übung des einfachen
stillen Sitzens, dem »Zazen« (japanisch für Sitzen) als spezi-
fischer Übung eingeübt.

Da es sich dabei nicht um eine Lehre, sondern um eine Erfahrung, einen Weg, handelt, möchte ich versuchen, die Le-

serin und den Leser auf den Weg meiner Erfahrung mit Zazen mitzunehmen, sie und ihn mitzunehmen auf die Spur
dessen, worum es geht, wenn wir von *lebendigem* Buddhismus sprechen.

Ich stieß vor über dreißig Jahren auf diese Form einer Anleitung, die sich nicht zuerst als eine religiös buddhistische
Übung, sondern als Einübung in die Wirklichkeit versteht. Es
handelt sich um die hierzulande sogenannte »gegenstandslo-
se Meditation«, eine Form einfachen stillen Sitzens, wie sie im
6. Jahrhundert unserer Zeitrechnung nach China, im 12. Jahrhundert nach Japan gebracht wurde und heute in lebendiger
Form in Japan noch anzutreffen ist. Eine solche wurde an meinem Studienort in der Katholischen Studentengemeinde angeboten. Ich nahm daran teil. Danach an mehreren mehrtägigen
Übungen, sogenannten Sesshins (japanisch für Zusammen-
künfte) hier in Deutschland, um mich schließlich übend auch
in einem Tempel in Japan wiederzufinden. Seitdem ist das einfache stille Sitzen, für mich selber am häuslich eingerichteten
Ort, mit anderen in Gruppen, Kursen und Sesshins zum festen Bestandteil meines alltäglichen Lebens geworden. Und ist
heute ein Ausdruck der Spiritualität, welche ich selber pflege
und, wo Interesse besteht, gerne anderen vermittle.

Was suchte ich? Was fand ich da?

Nicht eine Religion, nicht eine Theologie, nicht eine Philosophie und nicht eine Theorie, sondern Mönche und Nonnen, einen Meister und eine Praxis, Menschen, die mir das
Gefühl vermittelten: Du bist völlig in Ordnung. Selbst als
ich bei meinem Aufenthalt im Tempel meine Meinung einmal von jetzt auf nachher änderte, begegnete mir ein Mönch,
der sofort fand, dass auch das in Ordnung sei: »Oh, it's easy
to change our mind.« Änderung der Meinung und Wider-
sprüchlichkeit gehören zur Lebendigkeit des Lebens.

Dort, im Tempel, in der ganz einfachen, ganz normalen
Praxis des Sitzens in der Stille und im Handanlegen in alltäglichen Arbeiten spürte ich, was Leben ist, was Dasein in jedem Augenblick, was Präsenz ist. Ich erlebte eine Form von
Realisierung des Lebens, in der die Beteiligten damit auska-
men zu leben, ohne viel Aufhebens von sich zu machen, ohne gut sein zu müssen, ohne sich eine Bedeutung geben zu
müssen, wie ich das von meinem westlichen Umfeld her gewohnt war. Ich lernte eine Form des Lebens kennen, in der
man nicht immerzu nur »denken« musste, sondern einfach
»da sein« durfte.

Ich wurde, ohne es zu wollen, zum aufmerksamen Beobachter der Mönche, die in ihrem Tun auf mich so konzen-
triert wie unangestrengt wirkten. In einer mich beeindru-
ckenden Leichtigkeit – so erlebte ich sie – taten sie, was sie
taten, waren sie wirklich, was sie taten, und taten sie, was sie
waren. Nach meinem Eindruck blieben sie immer bei der Sache, waren sie ganz in Harmonie mit sich, wirkten sie völlig
zufrieden.

Diese friedvolle Präsenz zog mich an, überzeugte mich. Sie
wirkte auf mich ausgesprochen attraktiv, obwohl – vielleicht
gerade weil – sie für mich etwas Neues und gleichzeitig nichts
Besonderes war. Ich staunte jedenfalls nicht schlecht. Und
staune scheinbar immer noch. Diese Praxis konnte nichts
Verkehrtes sein. Wenn die Mönche in der Meditationshalle
saßen, saßen sie in der Meditationshalle. Wenn sie bei den
Mahlzeiten die in Japan üblichen langen gläsernen Nudeln
schlürften, schlürften sie die Nudeln. Wenn sie mit den großen Strauchbesen den Hof kehrten, kehrten sie den Hof.
Wenn sie Unkraut jäteten, jäteten sie Unkraut. Wenn einer
mich ansprach, sprach er mich an und war ganz präsent im
Mich-Ansprechen. In jedem Augenblick taten sie wirklich,

was sie taten. Als einer einmal bemerkt hatte, dass ich in meinem Zimmer am Nachdenken war, besuchte er mich – vielleicht hatte er mich vermisst – und lud mich freundlich ein, nach draußen zu kommen, um im Hof Unkraut zu jäten. Und als ich meinte, das gehe jetzt gerade nicht, weil ich zu denken hätte, er aber nicht locker ließ, ließ ich mich ein, verließ die Tatami-Matte und, siehe da, es ging. Ich konnte die mir wichtig erscheinende Sache aufgeben, mich zu einer anderen Aufgabe rufen lassen und diese wie die anderen und mit den anderen übernehmen, ohne in Gedanken dem nachzuhängen, was ich gerade getan hatte, von dem ich gemeint hatte, es unbedingt tun zu sollen. Bald merkte ich: Eigentlich ist es ganz egal, was ich tat, Hauptsache ich tat, was ich tat. Zen will, dass wir in Tatsachen, nicht in Begriffen leben. Ich hatte nicht nur ein mich sehr beflügelndes Gefühl, sondern ich hatte die ruhige Gewissheit, die Präsenz entdeckt zu haben.

Was wir unbedingt meinen, tun zu müssen, das *müssen* wir manchmal gar nicht tun. Es kann ein ganz anderes sein, das sich in den Vordergrund schiebt. Und was mir an der freundlich beharrlichen Einladungsgeste des Mönchs, der mich aufgesucht hatte, noch aufging: Ich war im »Denken« unterwegs – jetzt würde ich sagen – gefangen. Ich hatte gedacht, ich müsste immerzu unbedingt etwas »denken«.

Aufgrund der Erfahrung, dass einer mich verständnisvoll und liebevoll aus dem Denken herausgeholt hatte, verstand ich, was die Geschichte von dem Professor meint, die im Zen erzählt wird, wenn es um Begegnungen abendländisch geprägter Menschen mit dem spirituellen Osten geht:

Ein Professor aus dem Westen war ins fernöstliche Japan gereist, um Zen zu lernen. Meister Nanjin, ein japanischer Meister der Meiji-Zeit (1868–1912) hatte den Gelehrten empfangen, indem er, wie in Japan üblich, Tee servierte. Nanjin goss die Tasse seines Besuchers voll bis an den Rand und hörte nicht auf weiterzugießen. Der Professor, dies bemerkend, konnte nicht länger an sich halten:»Stopp, die Tasse ist voll und läuft über. Mehr geht nicht hinein!« Antwort des Meisters:»So wie diese Tasse sind auch sie voll, überfließend voll von Meinungen und Spekulationen. Wie kann ich ihnen Zen zeigen, bevor Sie nicht die Tasse ihrer Gedanken geleert haben? Werden Sie leer, dann kann ich Ihnen Zen zeigen.«[14]

Es war nicht einfach, leer zu werden, aber es war wichtig für mich, war ein Lernprozess. Und ich hatte am Ende ein gutes Gefühl.

Nun gibt es in der 2500-jährigen Tradition des Zen so viele Geschichten, dass man, ähnlich wie es mir mit den vielen biblischen Geschichten in unserer Tradition erging, manchmal denkt, man müsse möglichst viele davon kennen. Sie weisen, vergleichbar mit unseren Gleichnissen, wie ich merkte, in der Tat alle auf je unterschiedliche Weise auf das Eine hin, um das es geht: leer zu werden, leer zu sein, nicht immer nur zu denken und zu machen, sondern auch zu lassen und zu realisieren, was ist. Da es sich bei dieser Realisierung um einen Vorgang der Passibilität, des »Erleidens« handelt, möchte ich dieses Realisieren noch genauer so beschreiben: Es geht darum, dem Selbstwirken der Wirklichkeit im eigenen Handeln Raum zu geben. Was ich in den Siebzigerjahren durch Erich Fromms »Haben oder Sein. Die seelischen Grundlagen einer neuen Gesellschaft«[15] in einem Zug gelesen, intellektuell kapiert hatte, war endlich auf fruchtbaren Boden gefallen.

Viel gäbe es hier weiter zu berichten. Ich hatte vor und nach dem Besuch im japanischen Tempel weiter an Meditationskursen, sogenannten Sesshins, an verschiedenen Orten in Deutschland teilgenommen. Von einer Begebenheit möchte ich voraus und gesondert berichten:

»Parkplatzerlebnis«

Einmal, es geschah auf einem kleinen Parkplatz mitten im Südschwarzwald. Weil die Impulse der Stille-Erfahrung und der Vorträge des Sesshins noch stark nachwirkten, musste ich für einen Moment anhalten. Ich fuhr auf den kleinen Wald- parkplatz und legte die Hände in den Schoß. Einige Minu- ten lang vielleicht. Die Seele musste nachkommen. Wenn Le- ben so geht, wie auf dem Sesshin erfahren, dann, so spürte ich deutlich, ist Leben ein Wunder. Ja, jetzt *spürte* ich, was ich wusste. Aber nun konnte ich auch dem Spüren Raum ge- ben, »abseits der Straße«! Das geschah »unterwegs« so be- wusst vielleicht zum ersten Mal. Ich erinnere mich jedenfalls noch genau, wie aufgeregt ich war und wie überaus glück- lich. Ja, Schleiermacher hat recht, »Religion ist Sinn und Ge- schmack fürs Unendliche«.[16]

Mir war bewusst, es würde sich von da an gewiss man- ches in meinem Leben ändern. Alle Zerstreuung, alles Ra- sche, Unkonzentrierte, Unbewusste und Illusionäre, alle Un- ruhe auch und alles Zu-viel-Denken würden jetzt »abfallen«. Ich würde mehr auf mich hören und versuchen, immer ganz bei dem zu sein, was ich gerade tat, und dabei nun immer auch *spüren*, was ich tat. Ich erinnere mich jedenfalls noch genau, mit was für einem Gefühl von Glückseligkeit ich nach dem Ein-wenig-abseits-gegangen-Sein, dieser kleinen Unter- brechung, dann davonfuhr, wie bewusst und wie achtsam ich das Auto nach Hause steuerte.

Nach einem Kurs nach Hause zu fahren, ist ein ganz nor- maler Vorgang. Nun aber war auch dieser für mich zu etwas Besonderem geworden: Mit dem Auto zu fahren, nichts Be- sonderes! Die Fahrt zu unterbrechen, etwas Besonderes. Die Fahrt fortzusetzen, wiederum nichts Besonderes und doch anders, weil nun bewusst! Es war etwas wie das, was Sotoba, einer der größten Gelehrten der japanischen Sung-Dynastie, er war Zen-Schüler, in einem Gedicht folgendermaßen zu sagen wusste:

»Feuchter Nebel auf dem Berg Lu,
Und Wellen wild bewegt im Che-Chiang;
Bist du noch nicht dort gewesen,
Wirst du es sehr bereuen;
Warst du erst dort und wendest wieder heim den Weg,
Wie nüchtern sehen dann die Dinge aus!
Feuchter Nebel auf dem Berg Lu,
Und Wellen wild bewegt im Che-Chiang.«[17]

Nach dem Erleben war alles, die Landschaft, ganz dieselbe wie zuvor, aber ich erlebte sie anders, aufmerksamer, bewusst nun. Durch die mir vertraute Landschaft fahrend, nahm ich dieselbe und mich darin als Eines wahr. Der historische Gautama würde vielleicht von »Erleuchtungserfahrung« gesprochen haben, das Delphische Orakel von »Selbsterkenntnis«, Meister Eckhart von »2. Geburt«, Hegel im Blick auf das Ganze von »sich selbst realisierender Bewegung«, Paul Ricœur von »2. Naivität«, moderne Spiritualität von »bei sich Ankommen«.

Das Parkplatzerlebnis im Südschwarzwald wurde mir zusammen mit dem, was ich davor und wenig später im japanischen Tempel erlebte, so sehe ich es im Nachhinein, jedenfalls zu etwas wie meinem »Turmerlebnis«.[18]

Was Martin Luther am Bibeltext aufgegangen war, dass man sich seine Daseinsberechtigung nicht selbst erarbeiten müsse, sondern mit leeren Händen vor »Gott« treten und dastehen dürfe, die sogenannte Rechtfertigungslehre, hatte mir

mein bester Studienfreund einst auf der Fahrt von Heidelberg nach Frankfurt erklärt. Für einen, der es als Kind Gott
recht zu machen hatte und der darum bis in seine allabend-
lichen Gebete hinein Gott um Verzeihung für seine Sünden
bat, war das ein unglaubliches Befreiungserlebnis.

Was ich damals im Studium als beglückende *intellektuelle*
Befreiung erlebte, war mir in der Folge des intensiven Erle-
bens der Stille nun so aufgegangen, dass ich Befreiung – japanisch mokscha, kensho, satori – *leibhaftig* spürte. Es war eine
Erfahrung, die mich *spüren* ließ: Du musst nicht länger leisten. Musst nicht selber etwas machen. Du musst nicht einmal etwas bedeuten. Du kannst sein. Du darfst sein. Du bist
schon jemand. Du bist angenommen. Du bist, wie die Natur
dich geschaffen hat, okay.

Es war eine Erfahrung, die mich geistig *und* körperlich be-
glückte, eine Erfahrung, die mit einem Schlage mein Leben
veränderte. Als Theologe denke ich in diesem Zusammenhang an Martin Luther, der 1545 sein Turmerlebnis mit den
Worten beschrieb:

»Da fühlte ich mich wie ganz und gar neu geboren, und
durch offene Tore trat ich in das Paradies selbst ein. Da zeigte
mir die Schrift ein völlig anderes Gesicht.«[19]

Später, auch im Tempel, dachte ich darüber nach, was das
Erlebte mit meinem Christsein machen würde, konkret wozu
ich die Vielzahl all der biblischen Geschichten noch brauch-
te. Ich begann zu erfassen, dass es deren tieferer Sinn sei, in
stets neuen Anläufen die Menschen auf das Wunder des Lebens aufmerksam zu machen.

Ich ertappte mich dabei, wie ich Martin Luther gleich die
Bibel durchging, zunächst »soweit ich sie im Gedächtnis hatte«,[20] dann, indem ich sie aufschlug. Überall fand ich Worte, Sätze, Texte, die zum »Leben«, zur »Freiheit«, zur »Wei-

te«, zur »Feier des Lebens« einluden. So z.B.: »Ich habe euch
Leben und Tod, Segen und Fluch vorgelegt, damit du das Leben erwählst und am Leben bleibst, du und deine Nachkommen.«[21] »Ich lebe, und ihr sollt auch leben.«[22] Oder – die Seite
der Ego-Überwindung, des Leerwerdens, die Führung durch
das wahre Selbst hervorhebend: »Ich lebe, doch nun nicht
ich, Christus lebt in mir.«[23] Oder: »Denn von selbst (automa-
tae) bringt die Erde Frucht.«[24]

Da fing ich an, zu begreifen, dass es sehr viele Worte in
der Bibel gab, die, recht verstanden, Ermutigungen und Ein-
ladungen zum Leben darstellten, Ermutigungen und Einla-
dungen zu einem Leben, das den Tod mit einschließt, ja ihn
aufhebt, also größer ist als der Tod.

Martin Luther gleich, war mir, als zeigte mir die Bibel »ein
völlig anderes Gesicht«,[25] als zeigte sie sich mir von einer völlig neuen Seite, nun mit dem »freundlichen Gesicht«. Und so
»fühle ich mich wie ganz und gar neu geboren und durch offene Tore trat ich ins Paradies selbst ein«.[26]

Von Martin Luther hatte ich den »gnädigen Gott« rein rational gekannt, nun aber hatte ich *gemerkt*, dass »der gnädige
Gott« im Herzen angekommen war, mehr noch: Ich erlebte
»ihn« körperlich, spürte »ihn«. Was heißt »ihn«? Befreit von
jedem Bild, wozu mich Exodus 20,4 – »Du sollst dir weder
ein Bild, noch ein Gleichnis machen ...« – ermutigte, begann
ich zu spüren, wie das göttliche Leben pulsiert, schwingt und
fließt. Und Genesis 2,7, wo vom eingehauchten Gottesatem
die Rede ist, ermutigte mich, statt von »ihm«, »Gott«, erweitert von »Es«, vom »göttlichen Leben«, von der »göttlichen
Atemkraft« zu reden. Anstelle von »Ich« und »Er« gab es nun
erweitert: »Es«. Ich war endlich und wirklich im Paradies des
einen göttlichen Atem-Lebens, des Wunders »Leben« angekommen. Ein kleiner Schritt, zugleich eine mächtige Trans-

formation, eine Erweiterung des Bewusstseins. Meine Freude
war unbeschreiblich groß.

Im Nachsinnen über die angeführten biblischen Texte
und weiter in der Meditation lernte ich, spürte ich nun vielmehr, dass wir uns um »Gott« nicht zu kümmern brauchen,
wir »ihn« schon gar nicht und in keiner Weise *verdinglichen*
dürfen, weil »er« a priori, immer schon, bei uns, im Atem
spürbar gegenwärtig, ist. Lange genug hat es gedauert, aber
nun war ich endlich, weg von der Haben-Seite des Glaubens, leibhaftig auf seiner Seins-Seite angekommen.

Was aber ist mit »Hölle, Sünde, Tod und Teufel«, der
dunklen, verunsichernden, Angst machenden Seite der Bi-
bel? Ich erinnere mich noch genau, wie sehr mich diese
Frage nach dem Bösen und den Konsequenzen daraus im
Sesshin und in den Sesshin-Pausen und bis aufs Zimmer in
Atem hielt.

Das Böse, hörte ich in meinem Innern, überlasse getrost
dem Täufer und der negativen Phantasie der nach-jesuani-
schen Textkonstrukteure. Sollen die weiterhin die Gerichts-
äxte den »bösen Menschenbäumen« an die Wurzeln legen,
ich halte mich weiterhin an den Wanderlehrer Jesus und
dessen *gute Nachricht*, die Nachricht von dem eindeutig *lie-
benden Gott*. Er verkörpert für mich bis in seinen Tod hinein
und darüber hinaus – »Es ist vollbracht. Ich befehle meine
Hände in deinen Geist. Vergib ihnen, sie wissen nicht, was
sie tun. Heute wirst du mit mir im Paradies sein.«[27] – absolutes Vertrauen, unerschütterliche Gewissheit, das gewisse
Wissen, in dem einen göttlichen Leben tiefgeborgen zu sein.

Damit schloss sich der »Kreis«, genauer öffnete sich
die »Spirale«: Ausgegangen vom vermeintlich Eigenen
der Rechtgläubigkeit, intellektuell befreit durch den »gnädigen Gott« Martin Luthers, im lebendigen Buddhismus

dem Fremden begegnet, bin ich tiefer im echten Eigenen angekommen, dem ganzheitlichen Wirklichkeitserleben, dem einen, sich ständig wandelnden göttlichen Wunder der Lebenswirklichkeit. Diese wird *durch uns* schöpferisch wirksam.

Von der sich öffnenden Spirale rede ich, weil wir an dieser Stelle ahnen, vielleicht schon sehen können, welch ein Prozess da in Gang kommt, wenn alle Religionen, so sie gut sind, ihre Mitglieder auf je ihre Weise an die Hand nehmen und sie anleiten, sich in Bewegung zu setzen, um in die eine, alles öffnende Lebens-Wirksamkeit einzuschwingen.

3. Meister Harada und Meister Dogen

Statt Zen zu erklären, möchte ich von einigen Stationen des Weges erzählen, den ich mit Harada Roshi (japanisch für Meister) gegangen bin.

Meister Harada

Mit Roshi, wie Harada Sekkei in seinem Schülerkreis liebevoll genannt wird, verbindet mich inzwischen eine über dreißigjährige Weggemeinschaft.

Initialzündung für meine Beschäftigung mit dem Buddhismus, wie er im Zen praktiziert wird, war für mich – neben einer Meditationsgruppe der Katholischen Jungen Gemeinde, an der ich am Ende des Studiums teilgenommen hatte – ein Sesshin in einem Zen-Hof im Allgäu. »Seid einfach da. Nehmt die sommerliche Wärme an. Lasst zu, was ihr über eure Sinne aufnehmt, aber klammert euch nicht daran fest, lasst die Gedanken kommen und gehen (japanisch: Shi-

kantaza), atmet dabei ruhig ein und aus«, hatte uns der Roshi damals im Zendo (japanisch für Meditationshalle) emp-
fohlen. Shikantaza meint: die Gedanken ziehen lassen. Im
japanischen Zen heute üblich sind auch die Empfehlungen:
Zuisokkan (den Atem beobachten), Zusokan (mantraartiges
Zählen, am besten immer nur eins, eins, eins) und Koan-Zen
(mit paradoxen Aufgaben umgehen).

Auf einem Spaziergang durch die sommerlich reifen Ge-
treidefelder des schwäbischen Allgäu hatte ich eine erste Gelegenheit, mit Harada Roshi in näheren, persönlichen Kontakt zu kommen. Mir unvergesslich beim Vorübergehen an
einem Feldkreuz: Kurzes Anhalten des Roshi, Hinblicken,
dann die Frage: »Was habt ihr da im Zentrum eurer Religion für einen Gefolterten hängen?« Ich bemühte mich, dem
Zen-Meister alles zu erklären, was mir vom theologischen
Studium her an Kreuzestheologie wichtig war, im Wesentlichen, dass wir uns im Christentum als Erlöste wüssten und
uns mit den Leidenden solidarisch fühlten. Und diese Feld-
kreuze würden die Menschen mitten bei ihrer Arbeit an den
Grund des christlichen Glaubens erinnern.

So korrekt die Antwort auch gewesen sein mag, merkte ich
doch, dass sie nicht trug. Warum das?

Das für mich Wichtige auf diesem Spaziergang waren
nicht meine Erklärungen, die der Meister stehen ließ, sondern seine einfache Frage, die mir zum Anlass wurde, nochmals ganz neu und existenziell nachzufragen, was wir da im
Zentrum unseres Glaubens eigentlich feiern, das andere so
nicht kennen. Ich nahm sie in die Meditationsstille mit und
erinnere mich noch, dass ich wie bei den drei »Sokratischen
Sieben« reflektierte, was an dieser Aussage wohl »wahr« ist,
was daran »gut« ist und welchen »Nutzen« sie für uns habe.
Hängen geblieben war der Erlösungsgedanke.

Warum erzähle ich das? Weil es mir damit ging, wie dem
Herrnhuter und späteren Theologen F. D. E. Schleiermacher,
als er 19-jährig an seinen Vater schrieb:

»Ich kann nicht glauben, daß der ewiger, wahrer Gott war,
der sich selbst nur den Menschensohn nannte, ich kann nicht
glauben, daß sein Tod eine stellvertretende Versöhnung war,
weil er es selber nie ausdrücklich gesagt hat und weil ich
nicht glauben kann, daß sie nötig gewesen; denn Gott kann
die Menschen, die er offenbar nicht zur Vollkommenheit,
sondern nur zum Streben nach derselben geschaffen hat, un-
möglich darum ewig strafen wollen, weil sie nicht vollkommen geworden sind.«[28]

Rasch war mir klar geworden: Da ging einer nicht helden-
haft an ein Kreuz in dem Bewusstsein: »So, ich sterbe jetzt
für euch, ihr sündigenden Menschen«, sondern da hatte einer die Konsequenzen seiner provokanten Liebesbotschaft
zu tragen.

Als ich für mich dann geklärt hatte, dass das theologische
»für euch« unter der Maßgabe von »Nachfolge« heißen müsse, an der Seite Jesu den *eigenen* Weg zu gehen, war für mich
das Problem gelöst. Ich konnte in Ruhe weitermeditieren. Es
sollten dann viele weitere, zu meinem damals wenig reflektierten Glauben gehörende, gelernte Lehraussagen auf den exis-
tenziellen Prüfstand kommen. Das hatte Zeit und braucht Zeit,
auch Denkzeit, wie sich christlich geprägte Menschen leicht
denken können. Aber es gab ja die Möglichkeit, an weiteren
Meditationswochen teilzunehmen. Aus dieser Begegnung jedenfalls war mir klar, dass ich nur das auf meinen weiteren
Weg mitnehmen konnte, was der Überprüfung standhielt. Es
kam neben der inneren Arbeit aber auch große Freude auf in
der Stille. Und weil das Vertrauen wuchs, hatte ich die Gewissheit, dass, wenn ich mich auf Meditation ganz einlasse, das

Wesentliche, das Wahre meines Glaubens schon Bestand haben
werde. Dieses Vertrauen begleitete mich immer. Nie hatte ich
Angst zu stürzen. Dass sich in meinem angestammten, gelern-
ten Glauben allerdings noch manches zurechtrücken und neu-
gestalten würde, das wurde mir ebenfalls zur Gewissheit. Der
Dialog mit dem Buddhismus, nicht dem theologisch-philoso-
phischen, sondern dem in seiner lebendig-praktischen Form,
dem Zen, war eröffnet. Er versprach spannend zu werden.

Nach mehreren Jahren war mir die Idee gekommen, das,
was sich bislang als innerer Prozess und in manchem Gespräch zugetragen hatte, für Interessierte aufzuschreiben, um
sie daran teilhaben zu lassen, damit auch sie den eigenen Weg
reflektieren konnten oder auch nicht. Diesen Gedanken Roshi vorgetragen, antwortete er mir: »Ich finde deine Idee wun-
derbar. Wir sollten unbedingt dieses Projekt durch unsere
Zusammenarbeit realisieren.«[29]

Weshalb es nicht dazu gekommen war, weiß ich bis heute nicht. Vielleicht ist der tiefere Grund der, dass ich offenbar nicht das Bedürfnis hatte zu schreiben, sondern eher das
Bedürfnis, mich an der Seite des Meisters durch Denk-, Ge-
sprächs- und vor allem Sitzarbeit in den eigenen Weg gründlich einzuüben.

Nun aber ist es leider zu spät, denn Harada Roshi ver-
fügt nicht mehr über die geistigen Kräfte, das Dialogprojekt
durchzuführen. Was ich aber tun kann und hiermit tue, das
ist: weiter den Blick auf die wichtigen Stationen zu werfen, die
ich noch gut im Gedächtnis habe, und sie aufzuschreiben. Ich
denke, es lässt sich »das Gespräch, das wir waren«,[30] auch auf
solche Weise noch einmal gut aufnehmen und weiterführen.

Mit der Meditationswoche im Allgäu war ich die ersten
Schritte auf dem neuen Weg gegangen. Weitere Schritte folg-
ten. Drei Sesshins im Südschwarzwald, einer im Tempel in

Japan, in den mich Harada Roshi eingeladen hatte, zwei bei Frankfurt und drei im Klosterhospiz Neresheim. Seit Roshi aus Altersgründen nicht mehr reisen kann, setzen wir die gute Tradition in Eigenregie fort, jedes Jahr einmal, mit einer Woche Sesshin in Neresheim.

Klar, dass die wichtige Sache der Meditation mit der Meditationswoche im Allgäu nicht abgeschlossen war. Ist das Sitzen auf der einen Seite etwas ganz Einfaches, ist das Aufgeben des Ego auf der anderen Seite etwas außerordentlich Schweres. Außerdem braucht der Körper, um zu »verstehen«, seine Zeit. Ich hatte Lust, ihm die zu geben.

Während des Übens kamen Fragen auf wie: Wie viel Sitzen ist eigentlich nötig? Wenn alle Wesen erleuchtet sind, wozu dann Sitzen? Ist das pure Sitzen nicht Verschwendung von Zeit, die man für Besseres einsetzen könnte? Geht das überhaupt, den kontinuierlichen Gedankenstrom unterbrechen, ihn verlangsamen? Tritt überhaupt jemals totale Denkstille ein? Muss die sein, etc.?

In der Meditationswoche im Südschwarzwald, an der ich teilnahm, lud uns der Roshi ein, »mit voller Entschlossenheit« zu sitzen. Auf die Frage, wie viel, wie lange und wozu sitzen, antwortete er, indem er uns mit der Geschichte von *Bodhidharma* erzählte, welche Hürden zu nehmen waren, um Zen in China heimisch werden zu lassen.

Bodhidharma, Kronprinz aus einem südindischen Königsgeschlecht und Meister des Zen, sei im Jahre 527 n. Chr. auf dem Seeweg von Südindien nach China gereist, um den Menschen in China »den Weg« zu zeigen. Der Kaiser habe ihn gefragt: »Seit ich den Thron bestieg, kann niemand die Klöster zählen, die ich errichten, die Sutren, die ich kopieren und die Menschen, die ich Priester werden ließ. Welche Verdienste habe ich damit gewonnen?«

Bodhidharma: »Nicht das geringste Verdienst.«

Rückfrage des Kaisers: »Warum sind damit keine Verdienste gewonnen?«

Bodhidharma: »All dies sind nur die unbedeutenden Resultate der Menschen und Götter, die das Überflüssige erzeugen.«

Der Kaiser: »Was ist dann ein wahres Verdienst?«

Bodhidharma: »Die reine Weisheit, die auf subtile Weise alles umfasst. Ein Körper, der aus sich heraus leer und still ist.«

Der Kaiser will weiter wissen: »Welche ist die höchste aller Wahrheiten?«

Bodhidharma: »Nichts von heilig, offene Weite.«

Der Kaiser versteht nichts und fragt zum Schluss: »Und wer ist der Mensch, der vor mir steht?«

Bodhidharma: »Ich weiß es nicht.«[31]

Darauf habe Bodhidharma, der Kronprinz und Meister aus Südindien, gewusst, dass die Zeit noch nicht reif war, habe sich über den Fluss Yangtse nach Norden begeben und sich dort neun Jahre vor eine Wand gesetzt. Allmählich hätten die Menschen verstanden. Von da aus habe sich Zen in China etabliert.

Mich hatten Unterweisung und Übung im Zen inzwischen so überzeugt, dass ich die Einladung Roshis in seinen Tempel annahm und nach Japan reiste, um einmal an einem der Übungsplätze, an denen Zen heute lebendig ist, zu üben. Meine Erfahrungen mit dem Üben sind an anderer Stelle[32] beschrieben. Hier nur das Folgende:

Ich möchte erwähnen, dass mir das Sitzen Im Tempel sehr schwergefallen war. Als ich das Roshi im Dokusan (Vier-Augen-Gespräch) klagte, meinte er nur, ich solle dem keine Bedeutung geben. Darauf meine Frage: »Auch dem höllischen

Schmerz nicht?« Er lachte. Am Nachmittag brachte mir ein Mönch ein liebevoll präpariertes Sitzbänkchen aufs Zimmer. Davon berührt, war ich motiviert, weiter zu sitzen, musste also nicht abbrechen. Roshis Frage an mich beim Abschied: »Bist du nicht so warm geworden mit Hosshinji, dass du hier bleiben willst?« Nach kurzem Zögern meine Antwort: »Ich bin sehr berührt, aber ich werde zu Frau und Kind zurückkehren.« Mit großer Freude nahm ich die Glocke entgegen, die mir Roshi mit der Bemerkung überreichte, ich könne sie »in meiner Meditationsgruppe in Stuttgart« sicherlich gut gebrauchen.

Nie war ich von einer so weiten Reise mit so leeren Händen, aber so erfüllt nach Hause gekommen. »Du wirkst glücklich«, hatte ich am Flughafen gehört. Ja, das war ich, denn ich war einem Menschen begegnet, der die bedingungslose Liebe so schön verkörperte, wie ich es selten erlebt hatte.

Ich glaube, dass etwas wie das, was ich da erlebte, das Geheimnis Jesu und seiner Wirksamkeit gewesen sein muss.

Harada Roshi war wieder zu uns nach Deutschland gekommen. Er schätzte besonders die aufrichtige und strebsame Art, mit der Menschen in Deutschland Zen übten. Vertraut und zugleich neu waren für mich seine Botschaft und die Erfahrungen des Sesshins. Als ich in diesem Sesshin einmal mit allerlei mir zurechtgelegten Überlegungen zum Meister kam, war mein einziger Satz gewesen: »Jetzt habe ich alles vergessen, was ich besprechen wollte.« Und wie mir das peinlich war! Roshis Antwort: »Das ist ein guter Zustand. Den Augenblick zu leben, was immer er beinhaltet, ist das Wichtigste.« Die andere Erinnerung bezieht sich auf eine Bemerkung, die er von sich aus zu meiner Beschäftigung mit dem Christentum, von der er in guter Kenntnis war, machte:

»Der gegenwärtige Augenblick, das Jetzt ist es, worin sich die Religionen als dem ihnen allen Gemeinsamen treffen könnten. Es wäre eine große Sache, wenn sich in diesem Punkt alle Religionen träfen, besonders auch deine Religion der Liebe und Barmherzigkeit mit dem Buddhismus.«[33]

Besonders aufhorchen ließ mich aber der Satz, den er aus Sicht des Buddhismus über das Christentum sagte:»Nachfolge Jesu, das heißt nicht Christus hinterherlaufen, sondern ein ganz eigener Mensch werden und so mit Christus verbunden sein.«[34] Und weiter: Dass ich das jetzt »klarer verstehen« würde, hänge nicht damit zusammen, dass er klarer spräche, sondern damit, dass ich »leerer sei, geübter und darum besser verstehen« würde.

Viel gäbe es weiter zu berichten über die Erfahrungen mit dem Sitzen und über Inhalte, wie sie sich veränderten oder vertieften. Was mich bis zu dem erwähnten Parkplatzerlebnis aber nicht losließ, war eine Nebenbemerkung im Sesshin:»Wenn einer von euch, der realisiert hat, um was es geht, den Stab übernimmt, könnt ihr alleine sitzen, brauche ich nicht mehr aus dem fernen Japan nach Deutschland zu kommen.«[35]

Mir war absolut klar, wer da angesprochen war.

Harada Roshi schaffte es, noch ein paar Jahre in ferne Länder zu reisen, mit Vorliebe nach Deutschland. Diesmal war er in die Nähe von Frankfurt gekommen. Mit Genuss und Gewinn hatte ich weiter geübt. Statt nun aber von meinem Üben zu berichten, erzähle ich lieber von drei Begebenheiten, die sich Ende der Neunziger, Anfang 2000 zutrugen, und gehe der Frage nach, wer ein rechter Lehrer sein kann.

Zusammen mit Jörg Zink, dem ehemals über Württemberg hinaus bekannt gewordenen Fernsehpfarrer, ergriff ich die Initiative, zwei weitere Theologen, von denen ich wusste, dass sie meditierten, einzuladen, um mit ihnen zu überlegen, was wir für uns und in Württemberg für die Meditation tun könnten. Die Sache hatte eine gewisse Brisanz, denn Mystik stand seit der Kritik durch die Dialektische Theologie Karl Barths, Emil Brunners und Friedrich Gogartens im Protestantismus unter dem Generalverdacht, ein »heidnischer Versuch« zu sein, »mit menschlichem Tun zu Gott zu gelangen«. Ich kürze ab und erwähne beiläufig, dass es aus Gründen eines kalten Winters nicht, wie von Jörg Zink und mir geplant, zu einem ersten Sesshin mit württembergischen Pfarrern in Neresheim gekommen war. Dafür lud uns im Wohnzimmer von Jörg Zink der damalige Leiter des Einkehrhauses der Landeskirche nach Bad Urach ein. Wir, d. h. an Meditation interessierte Kolleginnen und Kollegen der Württembergischen Landeskirche, trafen uns von da an regelmäßig in Urach, um zu üben und über den Weg einer zeitgemäßen Spiritualität nachzudenken. Ein Verein wurde gegründet. Mehr und mehr Kolleginnen und Kollegen waren dazugekommen. Wir meditierten und organisierten Jahresversammlungen. Auch gab es mit interessierten Katholiken ökumenische Treffen. Die unterschiedlichen Vorstellungen über den Weg einer neuen protestantisch spirituellen Praxis führten naturgemäß auch zu Konflikten. Diese wurden ausgetragen. Verbindend aber war geblieben, dass alle das Interesse an spiritueller Praxis hatten. Jörg Zink verabschiedete sich aus Altersgründen mit den Worten:

»Ich hatte zum ersten Mal seit langen Jahren, um nicht zu sagen Jahrzehnten, den Eindruck, hier sei man wirklich weiter, als man immer gemeinhin kommen konnte. Ich war glücklich, auch wenn ich nicht mit allem mit konnte, aber der Eindruck, es gehe weiter in unserer Kirche, es gebe für sie noch eine wesenhafte Zukunft, war einfach stark.«[36]

Die Gestalt des Vereins, die einige Jahre getragen hatte, ist inzwischen aufgelöst. Der Impuls aber war gesetzt. Kollegen und Kolleginnen treffen sich heute hin und her in der Landeskirche, um in kleinen Gruppen mit Interessierten zu üben.

Im Jahr 1999 hatte ich überraschend die Gelegenheit erhalten, zusammen mit der japanischen Delegation, zu der Roshi Harada maßgeblich gehört hatte, an der »Interreligiösen Assembly« teilzunehmen, zu der Papst Johannes Paul II. Vertreter der Weltreligionen nach Rom eingeladen hatte. Was mich wunderte, war die Tatsache, dass zu dieser nicht ganz unbedeutenden Veranstaltung weder die Kirchen noch die akademische Theologie aus Deutschland eingeladen waren. Als ich danach Prof. Hans Küng davon erzählte, war er überrascht, meinte dann aber lakonisch, dass er genau so die Kurie und die älteren Herren Kardinäle kenne. Man gehe den kritischen Deutschen gerne aus dem Weg, ja ignoriere sie bisweilen. Anderes könne man zwar erwarten, es würde leider aber nicht geschehen.

Was die Form der Veranstaltung betrifft, wunderte ich mich weiter darüber, dass den Vertretern der Weltreligionen zwar eine Begegnung auf Augenhöhe signalisiert worden war, ein echter interreligiöser Dialog, wie ich es in den Reaktionen der buddhistischen Delegation mitbekam, offenbar aber weder intendiert war noch stattfand. Die japanischen Religionsvertreter, allen voran Harada Roshi, hatten in einer Nachbesprechung in einem Raum an der Via di Conciliazione lautstark ihre Enttäuschung und Empörung darüber ausgedrückt, dass sie, anders als erwartet, keine Begegnung von Gleichberechtigten erlebt hätten. Das bedeutete für sie, als eigenständige Weltreligion von der Katholischen Weltkirche nicht ernst genommen worden zu sein.

Als einer, der hautnah dabei war, war ich Zeuge der Enttäuschung einer missglückten Begegnung geworden, mit der die buddhistischen Religionsvertreter in ihre Heimatländer wieder abgereist waren.

Wollte oder konnte die Weltkirche »Dialog« nicht? Diese Chance jedenfalls hat sie verpasst. Schade, denke ich, dass es Rom nicht geschafft hat, die Öffnung, die im II. Vatikanischen Konzil erreicht wurde, weiterzuentwickeln.

Aus den Briefen, die zwischen Japan und Deutschland hin- und hergegangen waren, möchte ich einen frühen zitieren. Um Verständnis bittend, dass er von christlicher Theologie wenig Kenntnis besitze, schrieb mir Roshi 1991:

»Jedoch möchte ich meiner Freude Ausdruck verleihen, dass ich Sie auf der Suche sehe nach dem wahren Sein, Ihrem ursprünglichen Sein, wo Sie und Christus und Buddha Hand in Hand gehen. Wie Sie diese Suche gestalten, ist Ihr Weg. Wenn ich Ihnen irgendwie behilflich sein kann, bitte sehr. Mit sehr herzlichen Grüßen, Harada Sekkei.«[37]

Die Meditation arbeitete in mir und mit mir weiter an meinem Christentum. Fast hätte ich nicht bemerkt, dass Harada mit dem Ausdruck vom »Hand in Hand gehen« exakt denselben Ausdruck benutzte wie Jahre zuvor auf dem Sesshin im Südschwarzwald. Das finde ich im Nachhinein deshalb bemerkenswert, weil sich darin Haradas Haltung zur Ökumene der Religionen sehr klar ausspricht: Er sieht die Verschiedenheit, möchte aber ein engagiertes Miteinander, weil es in allen Religionen letztlich um ein und dasselbe geht, das Eintreten der Menschen in die wahre Wirklichkeit.

So war 2003 der Zeitpunkt gekommen, über seinen weltweiten Schülerkreis hinaus auch mir weiter und einigen meiner Kolleginnen und Kollegen »behilflich« zu sein. Ich lud ihn ein. Und Harada wäre nicht Harada, hätte er trotz der damals »momentanen« Dichte der Reiseverpflichtungen

nach Indien, Italien – wo er inzwischen für kurze Zeit die
Vertretung der Soto-Schule in Europa übernommen hatte –,
Frankreich und USA nicht versucht, wiederholt zu uns nach
Deutschland zu kommen. Er hatte mir zugesagt, er komme
gerne zu mir und zu meinen Kollegen, auch »im Januar« und
auch, wenn wir nur »zu dritt« seien.

Roshi wäre nicht Roshi, wäre nicht die Autofahrt nach Neresheim sofort zum Ereignis geworden, zur Station auf dem
Weg zum Wesentlichen, zum Fortfahren auf dem Weg des
christlich-buddhistischen Dialogs.

Unterwegs mit Diätköchin, Übersetzerin und seiner We-
nigkeit, fragt er mich in Lorch, was das auffällige Gebäude
zur Linken denn sei.

Meine Antwort: »Ein Kloster.«

Harada: »Leben da noch Mönche? Was machen Mönche
in euren Klöstern?«

Meine Antwort, während ich sorgfältig das Auto steuere:
»Sie beten und arbeiten.«

Frage Harada: »Zu wem beten eure Mönche?«

Meine Antwort: »Zu Gott.«

Seine Frage: »Wer ist für euch Gott?«

Ich überlege und überlege und überlege, was ich dem
japanischen Zen-Meister antworten sollte. War nach der
Kreuzestheologie von damals auf der Wanderung nun auf
der Fahrt die Gottesfrage dran? Ich spürte wieder einmal
die Verlegenheit, von etwas reden zu sollen, von dem man
theologisch nicht reden kann. Sekunden wurden zu Minuten, Minuten zu gefühlten Stunden. Ich habe selten auf eine ehrliche Frage den Fragesteller mit meiner Antwort so
lange warten lassen. Ich konnte nicht antworten. Statt dann
im Sinne des Zen zu sagen: Genau das ist unser Koan, d. h.
das Problem, für das wir keine Lösung haben, faselte ich et-

was von »Ursprung aller Dinge«, von »Weltordnung«, vom »Absoluten« und so. Das trug freilich wieder nicht. So viel Zen hatte ich inzwischen ja gelernt, dass ich wusste: Antworte ich weiter mit Begriffen, bekomme ich die Rückmeldung: Das sind eure Vorstellungen. Antworte ich damit, dass ich sage: Wir wissen nicht, bekomme ich die Rückmeldung: Warum redet ihr in der Theologie dann so viel darüber? Dann der Gedanke: Sollten wir nicht besser miteinander schweigen?

Das Stocken bemerkend, fragte der Roshi liebenswürdigerweise nicht weiter nach. Das Gespräch war vorläufig unterbrochen, wurde zum Smalltalk über das, was es rechts und links der Straße zu sehen gab. Es mangelte uns nicht an, wie ich fand, dem Autofahren gemäßerem Gesprächsstoff. Soviel Vorgeschmack hatte ich nun aber bekommen: Neresheim mit den Theologen-Kollegen wird interessant werden.

Roshi Harada hatte sich sehr genau überlegt, wie und womit er uns Theologen vom Fach begegnen wollte, um für uns hilfreich zu sein. Rede er zu viel, sagte er zu Beginn, würde er nur unser Denken ankurbeln und uns aus der Sicht des Zen »vergiften«, jedenfalls uns Zen nicht näherbringen. Würde er mit uns nur sitzen und nichts reden, würden wir nichts verstehen und vielleicht fragen, weswegen er überhaupt gekommen sei. Auch für ihn war das Sesshin mit Theologen nicht einfach, denn er hatte etwas zu vermitteln, was man mit Worten schwer, bzw. nicht vermitteln kann. So viel ahnte ich zu diesem Zeitpunkt im Blick auf unser Dialogprojekt aber deutlich: Wenn es um letzte Dinge geht, sind wir vielleicht näher beieinander, als wir wissen.

Geschickt, wie ich aufgrund unseres Gesprächs auf der Fahrt fand, begrüßte Roshi die Teilnehmenden mit den Worten: »Ihr müsst in diesen Tagen nur eines tun: In jedem Moment und mit großer Kraft und Entschlossenheit mit dem Hintern das Kissen wärmen, auf dem ihr sitzt.«[38]

So seltsam, fast lustig, wie sich das anhörte, so sehr war das sein purer Ernst. Ich für meinen Teil meinte verstanden zu haben:»Tut, was ihr tut. Dann tut ihr das Richtige. Was so allgemein gilt, gilt besonders für das Sesshin.« Ob das damit allen so ging? In den Einzelgesprächen, den Dokusans, die immer während des Gruppensitzens stattfinden, hatte sich der Meister sehr viel Zeit genommen. Bei der Zwischenbilanz hatte ich erfahren, dass es sehr viel zu besprechen gab, denn unsere Köpfe, so Harada, seien sehr, sehr voll von Theologie. Mich liebevoll anschauend – offenbar hatte er wegen unserer Denkfülle mit uns mitgelitten –, waren seine Worte beim Abschied:»Oh ihr Theologen!«

Mit großer Geduld hatte uns Meister Harada praktisch und mit begleitenden Worten da hinzuführen gesucht, wo wir auch nach Worten des Paulus, Eckharts, Taulers, Luthers, Schellings und vieler anderer großer Geister *einmal* wenigstens hin müssten, dahin nämlich, alles, restlos alles – also auch unsere Gottesbilder und Gottesvorstellungen – loszulassen, zu vergessen. Mit anderen Worten: Einmal auf dem Kissen gründlich »zu sterben«, um mit Meister Eckharts Worten gesprochen, nicht dem »gedachten«, sondern dem »wirklichen« Gott – sagen wir: der wirklichen Wirklichkeit – zu begegnen. Und das nicht mit Worten, sondern in der Tat.

Wir hatten gemerkt, dass es ums Ganze ging, nicht nur unseres Lebens, sondern speziell auch unseres Berufes, in dem wir ja unterwegs waren, andere in der Religion, auf dem Weg zum Wesentlichen des Lebens, zu begleiten, wenn nicht sogar sie dort hinzuführen. Daran jedenfalls war kein Sesshin-Teilnehmender mehr vorbeigekommen, gemerkt zu haben, wie voll von Gedanken, Bildern, Vorstellungen, Meinungen und Bewertungen wir waren und, damit zusammenhängend, wie elementar wichtig gerade für unsere Profession das Leerwerden ist, um die uns Anvertrauten recht begleiten und führen zu können. So geschah die ernsthafte Weiterarbeit für uns nicht allein auf diesem Sesshin, sondern dann weiter im »Uracher Forum« und nicht zuletzt auf zwei weiteren Sesshins, die wir mit Meister Harada zusammen in erweitertem Kreis in Neresheim noch haben konnten.

Nicht davon möchte ich weiter berichten, was ich für den Newsletter des Tempels unter dem Titel »Christian or Buddhist? – The Point is Walking the Way« über die Notwendigkeit des christlich-buddhistischen Dialogs geschrieben habe, sondern darüber, was sich auf einem der beiden europäisch besuchten Sesshins 2005 an Besonderheit ereignete.

Über vierzig Teilnehmende waren zum Sitzen nach Neresheim gekommen. Entgegen aller Gewohnheit unterbricht Harada inmitten des Sesshins das Schweigen und bittet die Teilnehmenden, sich umzudrehen und sich mit dem Gesicht zur Mitte hin zu setzen. So etwas hatte es bisher nie gegeben. Was ist los? Der Meister empfindet etwas wie einen inneren Widerstand der Teilnehmer und spricht diesen in der Nachmittagsmeditation an:

»Ich empfinde einen Widerstand, eine Wand zwischen uns. Darum möchte ich euch heute fragen: Beleidige, verletze ich euch, wenn ich als Buddhist zu euch von Buddhanatur, Dharma, Kensho, Satori und Zazen spreche? Pater Lassalle ist immer verschwunden, wenn die Mönche die Sutren rezitierten. Anscheinend hat ihn das nicht interessiert. Ich möchte euch fünf Fragen stellen. 1. Was meint ihr im Christentum, wenn ihr ›Gott‹ sagt? 2. Was bedeutet in eurer Religion ›Sünde‹? 3. Wie geschieht in eurem Glauben ›Verzeihen‹? 4. Wie findet bei euch ›Reue‹ statt? 5. Wie und zu wem betet ihr in eurer christlichen Religion?«[39]

Überraschtes Schweigen eine gefühlte Ewigkeit lang, dann folgende verbale Reaktionen: »Gott« ist für mich gleichbedeutend mit »Leben«. 2. Mit »Sünde« kann ich nichts anfangen. 3. Vergebung erwarte ich in der Zukunft. 4. »Reue« empfinde ich im Gewissen. Dann überlege ich, wie ich den Fehler in Zukunft vermeiden kann. 5. Mein Gebet ist, »Gott« zu lästern, damit ich ihn loswerde.[40]

Was da geschehen war, finde ich im Nachhinein mehrfach interessant. Einmal war durch das Ansprechen der Blockade wieder Bewegung in das Sesshin gekommen. Zum anderen wurde erschreckend sichtbar, was alles an reflektierten und unreflektierten Bruchstücken christlicher Sozialisation wir mit uns herumschleppten. Mir wurde drittens bewusst, wie notwendig das konsequente Sitzen für uns ist, weil sich dadurch all die gestellten Fragen sozusagen von selbst sehr gut und nachhaltig beantworten. Dass das Sitzen als Sitzen das Thema »Verzeihen« und »Reue« neben all den anderen Themen wirkungsvoll bearbeitet, mache ich mir heute aus dem Selbstverständnis des Sitzens heraus klar: Bin ich voll und ganz und dauernd gegenwärtig, heben sich Fehler als in der Vergangenheit Erlebtes auf, findet Präparation für ein günstigeres Verhalten mir und anderen gegenüber in zukünftigen Gegenwarten statt. Schritt für Schritt wird mir auf dem Weg unseres interreligiösen »Gesprächs« bewusst, welchen spirituellen Segen die Zenpraxis für uns bereithält und was es im Blick auf den eigenen Glauben alles sehr genau anzuschauen und gelegentlich anzusprechen gilt.

Neben allem Inhaltlichen wird häufig die Frage gestellt: Wer ist im Zen, wer im Christentum der Lehrer? Die Antwort zu geben scheint leicht: Im Zen sind es die Meister, die durch Übertragung (japanisch »Inka«) die Lehrbefugnis weitergeben. Im Christentum sind es die Pfarrerinnen, Pfarrer und Priester, die durch das Studium der Theologie an der Universität und durch die Ordination oder die Priesterweihe die Befähigung und die Beauftragung erhalten, die Botschaft zu übermitteln.

Wie antwortete Harada Roshi, als ihn die Mönche und Nonnen beim Abschied in Japan fragten, wer sie denn anleite und führe, wenn er weg sei? Haradas Antwort war: »Fragt die Vögel unter dem Himmel. Fragt die Kiefer im Garten. Fragt die Säule im Zendo. Fragt das Zafu (japanisch für Sitzkissen).«[41]

Ich finde die Antwort in zweifacher Hinsicht bedeutsam: Der Meister sagt unmissverständlich, dass nicht er der Lehrer sei, der den Dharma lehre, sondern das Sitzen. Seine Worte liefern nachträglich die Begründung für seine Einleitung zum Theologen-Sesshin. Sie liefern uns weiter die Begründung dafür, dass Harada Sekkei Roshi, Abt des Tempels Hosshinji in Obama, entgegen der Tradition der Soto-Religionsbehörde, auf Inka ganz verzichtet. Das hat seinen tiefen Grund in der Sache selber: Zazen lehrt Zazen. Sitzen lehrt Sitzen. Dharma lehrt Dharma. Leben lehrt Leben. Tut, was ihr tut, dann tut ihr das Richtige.

Niklaus Brantschen, Zen-Meister in der Schweiz, erzählt[42] von einem eindrucksvollen Besuch bei Meister Harada in dessen Tempel Hosshinji im Jahr 1998. Gefragt nach seinem ganz persönlichen Stil in der Sache Dharma-Übertragung habe Harada Roshi geantwortet: »Wenn Menschen zu mir kommen, gebe ich ihnen zu verstehen, dass die Antwort in ihnen selbst liegt. Und dies betrifft nicht nur die spirituelle Führung, sondern die Führung des Tempels allgemein.«[43]

»Haben Sie einen Nachfolger«, habe er, Brantschen, gefragt. Antwort Haradas:

»Ich habe viele gute Schüler.«[44]

Brantschen erzählte Harada, dass er nach Japan gekommen sei, um von einem Dharma-Nachfolger Maezumis,
Glassman Roshi Inka (Siegel der Bestätigung) zu erhalten.
Harada Roshi, habe darauf geantwortet: »Niemand kann Ihnen etwas geben.«[45] Und lachend habe er hinzugefügt: »Wer
hat dem Shakyamuni (japanisch Vorname des historischen
Buddha) etwas gegeben?«[46]

Harada, obwohl Meister, versteht sich nicht als Meister,
sondern als Diener des Dharma und der Menschen, die ihm
anvertraut sind. Dass Dharma durch Dharma und Sitzen
durch Sitzen weitergegeben werden, hat er so tief realisiert,
dass er bar jeglicher meisterlichen Eitelkeit seine Schüler anleitet, unterrichtet, führt, inspiriert und einfach begleitet.
Von der Tatsache, dass sich Dharma durch sich selbst überträgt, ist er so sehr überzeugt, dass er seine Schüler anregt,
dem inneren Meister allein zu folgen. Und seine guten Schüler tun dies. Sie tun dies, indem sie alle Meditierenden, analog dazu wie Martin Luther in unserer Tradition das »Allgemeine Priestertum aller Gläubigen« angeregt hat, sei es in
Asien, Europa oder Amerika zum Praktizieren des »Allgemeinen Priestertums aller Meditierenden« anregen.

Und seit Harada aus Altersgründen nicht mehr reisen und
mit uns sitzen kann, haben wir, seine Schüler, die Verantwortung übernommen, zu sitzen und andere zum Sitzen anzuregen. Wir tun dies, weil wir merken, dass uns die Übungen
helfen, unseren ganz normalen Alltag in der Aufmerksamkeit
und Präsenz zu leben, die dem Leben angemessen ist. Wir in
Süddeutschland praktizieren weiter in Neresheim. Das in guter Tradition seit zehn Jahren immer zu Beginn des Jahres.

Meister Dogen (1200–1253)

Was uns Harada Roshi an spiritueller Praxis übermittelte, war nichts anderes als das, was Dogen Zenji im 13. Jahrhundert in China fand und in Japan importierte: Zen, die praktische Spiritualität des lebendigen Buddhismus. Diese wiederum war nichts anderes als das, was Gautama der Buddha um 600 vor Christus praktizierte und Bodhidharma im 6. Jahrhundert n. Chr. nach China exportierte.

Wer war Dogen Zenji?

Dogen Zenji wurde im Jahr 1200 geboren. Mit drei Jahren den Vater verloren, mit acht Jahren die Mutter, war er früh mit der Vergänglichkeit des Lebens in Berührung gekommen. Das mag der Anlass dafür gewesen sein, dass er mit dreizehn Jahren schon eifrig die buddhistischen Lehren zu studieren begann. Vergleichbar mit dem historischen Jesus, der in unserer Tradition dem veräußerlichten Tempelkult die Praxis wahren Lebens nach der Tora entgegensetzte, war Dogen, enttäuscht von der Verweltlichung des Buddhismus, wie er in Japan zu seiner Zeit gelebt wurde, 1223 nach China gereist, um den Dharma in der ursprünglichen Form, wie der historische Buddha diesen gelehrt und praktiziert hat, kennenzulernen. Da Zen zu jener Zeit die größte buddhistische Schule Chinas war, erfuhr er dort eine intensive Praxis, damit eine gründliche Schulung. Als ihm Meister Nyojo die Anerkennung der Reife zugesprochen hatte, kehrte Dogen, noch nicht dreißigjährig, nach Japan zurück. Dort begründete er mit dem Tempel Eiheiji eine Schule, die es als Soto-Schule bis heute in Japan gibt und zu der auch Harada gehört. Sein Verständnis der Verwirklichung des Lebens durch Sitzmeditation legte er in seinem Werk »Shobogenzo«[47] dar, das inzwischen vierbändig in deutscher Sprache vorliegt. Der Übungspraxis Dogens, wie wir sie bei Harada gelernt haben, liegt Dogens Verständnis des Buddhismus und dessen Anleitung zugrunde, wie er sie im genannten Werk im Kapitel »Fukan zazengi – Allgemeine Richtlinien für Zazen«,[48] vermutlich im Jahre 1227 n. Chr. niedergeschrieben hat. Dogens zentrales Thema war das Sitzen und nur das Sitzen, wie er diesem als dem Wesentlichen des Buddhismus begegnet war. Dass es dabei wesentlich auf die Elemente »Beine fest, Rücken gerade, den Atem beobachten« ankommt, hat er im Fukan zazengi präzisiert. Wir kommen darauf zu sprechen. Weil ich in einem Text die Betonung der Wichtigkeit und die Begründung Dogens für das Sitzen gefunden habe, möchte ich hier aus dem Vielen, das Dogen geschrieben hat, nur diesen Text zitieren:

»Das Wesentliche ist, dass wir die reine Praxis so bewahren, dass kein Tag des Lebens im Müßiggang verstreicht und mit unseren persönlichen Dingen verschwendet wird. Warum sollen wir so praktizieren? Weil dieses gegenwärtige Leben ein Segen ist, der uns aus der reinen Praxis der Vorfahren erwächst. Es ist ein großes Geschenk, das wir durch das Bewahren der reinen Praxis bekommen haben, und wir sollten uns beeilen, unseren Vorfahren dafür dankbar zu sein.«[49]

Da mich neben Harada und dessen berechtigter und begründeter Aufnahme von Dogen auch die Schriften von G. W. Nishijima ermutigten, in dem historischen Gautama, dem Buddha, nicht den »Gott« oder »Supermann«, sondern den »ganz normalen Menschen«[50] zu sehen, ist es mir eine ebenso große Freude, auf den Weg aufmerksam zu machen, den Gautama, der historische Buddha, selbst gelehrt, bzw. vorgelebt hat. Ich gestehe, dass ich von dem Moment an von der Gründerperson des Buddhismus in besonderer Weise berührt war, als ich verstanden hatte, dass es im wahren, le-

bendigen Buddhismus nicht um Personen geht, seien diese
der historische Gautama selbst, Bodidharma, Meister Dogen,
Meister Harada, Meister Nagaya, Meister Nishijima – diese bleiben neben vielen anderen herausragende Beispiele –,
sondern um das Erwachen zum Leben und um die Verwirklichung des Lebens, in dem jeder Einzelne und wir als Menschen in den Religionen alle unterwegs sind. Begierig wollte
ich wissen: Wie fand dieses Erwachen zum Leben und dessen
Verwirklichung bei dem historischen Gautama statt?

Zwei Dinge waren dem historischen Gautama wichtig: das
rechte Verstehen und das rechte Praktizieren.

4. Der historische Gautama

Das rechte Verstehen

Was der historische Gautama (563–483 v. Chr.), mit dem Er-
leuchtungsbegriff »der Buddha« genannt, in seinem ersten
Vortrag lehrte und lebte, wurde nach etwa 200 Jahren münd-
licher Überlieferung in vier Sätzen, den sogenannten »Vier
edlen Wahrheiten«, zusammengefasst. Diese sind:

- Leben ist Leiden.
- Leben ist ein Netzwerk von verursachenden Bedingungen
  und entstehenden Wirkungen.
- Der Widerspruch von Leiden an den Idealen einerseits
  und der Erfahrung des Sich-der-realen-Welt-ausgesetzt-
  Fühlens andererseits wird aufgehoben durch das Handeln
  im Hier und Jetzt.
- Die vierte Wahrheit ist die Wahrheit von der vollständi-
  gen Realisierung des Lebens, wie es ist.

Was bedeuten diese vier Wahrheiten?

Es sei vorausgeschickt: In meinen Erklärungen orientiere ich mich an Meister Gudo Wafu Nishijima. Seine Interpretationen sind für mich klar und plausibel.

Leben ist Leiden.

In einer ersten Phase würden wir, weil wir denkende Wesen seien, das Leben über Gedanken, Bilder, Vorstellungen, Ideale, Hoffnungen und Träume erfahren. Schon bald merkten wir aber, dass wir nicht bekämen, was wir begehrten, uns erträumten. Die kontinuierliche Korrektur würden wir als Kränkung unseres Idealismus erleben. Das sei schmerzlich.

Gautama, der Buddha, Sohn aus fürstlichem Geschlecht, habe als ganz normaler Mensch – Was anderes sollte er gewesen sein! – eben diese Erfahrung gemacht, welche ihn über die Beseitigung des Leidens nachdenken ließ.

Leben ist ein Netzwerk von Ursachen und Wirkungen.

Weiter habe Gautama nach dem Verlassen des Fürstenhofes, in einer quasi zweiten Phase durch die Begegnung mit Armut, Krankheit, Alter und Tod gesehen, dass das Leben in der Welt nicht durch Theorien, Philosophien, Konzepte, Systeme regiert wird, sondern dass die Welt aus interagierenden Tatsachen bestehe. In einem vielfältigen und komplexen Ursache-Wirkungs-Geflecht realisiere sich die eine Wirklichkeit. Dies zu erkennen, sei eine Kränkung durch den Materialismus.

Aufhebung des Widerspruchs durch Handeln im Hier und Jetzt.

Der reife Mensch erfahre in der dritten Phase sozusagen, dass sich Leben in einer Mischform von Vorstellungen, Ideen,

Träumen einerseits und Tatsachen andererseits ereigne. Er
stelle sich darauf ein und überwinde dieselben, indem er bewusst hier und jetzt handle.

Realisieren des Lebens, wie es ist.
Um sich im Hier und Jetzt voll und ganz handelnd auf die
Wirklichkeit einstellen zu können, sei es notwendig, das Ego
fallen zu lassen. Da dies nicht so einfach sei, sei ein Weg der
Übung zu beschreiten. Wie solches Üben aussieht, beschrieb
der historische Gautama in seinem ersten Lehrvortrag seinen Freunden gegenüber in dem, was uns als der »Achtfältige Pfad« überliefert ist. Dieser »Achtfältige Pfad« stellt neben
den »Vier edlen Wahrheiten« den Grundtext der Weltreligion des Buddhismus dar. Nach diesen Sätzen sind für die Realisierung des Lebens wichtig:

- die rechte Sicht
- das rechte Denken
- das rechte Sprechen
- das rechte Verhalten

dann:

- die rechte Lebensführung
- die rechte Willensausrichtung
- die rechte geistige Haltung
- die rechte körperliche Ausrichtung.

Hat ein Mensch die Sicht vom Leben, wie in den »Vier edlen
Wahrheiten« beschrieben, hat er also für sich erkannt, wie
die Welt funktioniert, ist er über den »Idealismus« und den
»Materialismus« hinausgewachsen, bedarf es nur noch des

Hinweises, in jedem Moment und an jedem Ort diese Haltung zu realisieren. Da das Leben im vierundzwanzig Stunden umfassenden Alltag geschieht, wir aber immer wieder
Ablenkungen erfahren, empfiehlt der historische Gautama,
als Übung die acht Sätze zu beachten, von denen der ach-
te, das Sitzen in der Stille (Meditation), deshalb der wichtige
sei, weil er das *körperliche* »Verstehen« einübe. Übung, gerade die körperliche Übung, sei nun aber nicht das Mittel, die
Erleuchtung zu erlangen, sondern sie sei als Hilfe gedacht, zu
verstehen. Verstehen, nicht noetisch, erkenntnistheoretisch,
sondern phänomenologisch, ontisch: als Erleben dessen, worin wir immer schon sind: im Zustand der »Erleuchtung«.

Die Wahrheit des Verstehens, der Meditationsübung wie
des Alltags, des Zur-Erleuchtung-Kommens wie In-der-Er-
leuchtung-Seins nochmals zusammengefasst in einer netten
Zengeschichte:

Ein Meister beobachtete einen Schüler bei dessen Meditation. Der Meister sagt: »Trefflicher, in welcher Absicht sitzt
du da in der Meditation?« Der Schüler antwortet: »Ich will
ein Buddha werden.« Da nimmt der Meister einen Ziegel
und beginnt ihn vor der Klause auf einem Stein zu reiben.
Der Schüler fragt: »Was tut der Meister da?« Der Meister antwortet: »Durch Reiben mache ich aus diesem Ziegel einen
Spiegel.« Der Schüler erwidert: »Wie kann durch Reiben aus
diesem Ziegel ein Spiegel werden?« Der Meister: »Wie kann
einer durch Sitzen in der Meditation ein Buddha werden?«[51]

Was ich hier anhand von Meister Nishijima weitergegeben
habe, ist nichts anderes als das, was Meister Dogen als den
Kern der Lehre des historischen Gautama weitergegeben hat:
Der Dharma wird durch Sitzen realisiert.

Hui Neng,[52] ein großer Meister aus der frühen Zeit des
Buddhismus in Südchina, hätte Dogen gewiss kritisiert und

gemeint, es bedürfe keiner *besonderen* Übung, um die Wirklichkeit zu realisieren. Das Leben des Alltags als Übung genüge völlig.

Das muss kein Gegensatz zu Dogen sein. Selbstverständlich bleibt der Alltag das große Übungsfeld für die Einübung in die Präsenz. Wenn die Sitzmeditation als spezielle Übung dazu aber hilfreich ist, kann dagegen nichts eingewendet werden.

Das rechte Praktizieren

Das Praktizieren geschieht im vierundzwanzig Stunden währenden Alltag *und* in der Stilleübung.

Wie diese Übung geht, in welcher der historische Gautama unter dem Bodhibaum und Bodidharma in China neun Jahre vor einer Wand gesessen sein soll, wird von keinem treffender beschrieben als von Meister Dogen in dessen Schrift »Fukanzazengi – allgemeine Richtlinien für Zazen«.[53]

Nach der einleitenden Feststellung, dass die Wahrheit immer und überall gegenwärtig sei und weit über den Staub und Schmutz der Welt hinausgehe, weswegen sich jegliche Reinigungsarbeit erübrige, die Übung aber eben doch hilfreich sei, weil schon die kleinste Vorstellung einer Trennung die Erfahrung der Wahrheit verhindere, zeigt Dogen auf, wie auf dem einfachsten und schnellsten Wege Bilder, Begriffe und Vorstellungen losgelassen und die unmittelbare Verbindung mit der Wirklichkeit hergestellt werden kann. Im Grunde reichen nach Dogen, methodisch betrachtet, drei Dinge:

1. Am bestimmten, ruhigen Ort, auf einem Sitzkissen oder Bänkchen, einen festen Sitz einnehmen. Es kann der Lotussitz sein oder der Fersensitz oder der Sitz auf einem Stuhl.

2. Gerade sitzen. Den Körper aufrecht halten, sodass Nase
   und Nabel eine Linie bilden.
3. Aufrecht und ruhig sitzend beobachten, wie es atmet. Ein-
   atmen und langsam und tief ausatmen.

Auch wenn es über diese drei Grundpfeiler der Übung viele Details zu bemerken gäbe, geht es im Kern darum, diese
Grundübung zu *machen*, Zazen zu praktizieren, wie sie die
Patriarchen in Indien, Indonesien, Korea, China und Japan
seit Gautama praktizierten und damit bewahrten, sodass wir
durch diese Form heute noch Zugang zu dieser wertvollen
Form der Übung haben.

Alles Notwendige für das Leben einschließlich der Ethik
ergibt sich aus dem Sitzen. Es bedarf darüber hinaus keiner
einzelnen Vorschriften wie etwa von Geboten etc. Wer sitzt
und dadurch mit der Wirklichkeit eins wird, wird auf natürli-
che Weise in die Lage versetzt, im alltäglichen Leben den Ge-
setzen des Universums zu folgen. Das erfahren all diejenigen,
die sich konsequent in der Sitzmeditation üben.

5. Mystische Spiritualität

Was der historische Gautama lehrte und lebte, was Bodidharma nach China exportierte, was die Meister Dogen, Nishijima,
Suzuki, Nagaya, Harada, Nishijima und andere an Zen-Spiri-
tualität weitergeben, das ist auf den Punkt gebracht: Es geht
um nichts anderes als darum, in völligem Loslassen aller Dinge dem Wirken der Wirklichkeit Raum zu geben, d. h. sich,
vom Ego befreit, der wahren Wirklichkeit zuzuwenden und
achtsam den Weg zu gehen. Es geht um das, was in unserer
Tradition, in der Mystik wie in der Lebensphilosophie, ge-

danklich und sprachlich als »Phänomenologie des Lebens«, als »im Augenblick leben« bezeichnet und gelebt wird. Davon wird gesagt, dass der Mensch, wenn er es denn praktizieren, leben würde, ganz bei »Gott« und, was dasselbe sei, ganz in der Wirklichkeit ankäme. Trefflich ausgedrückt finde ich diese Wahrheit bei Rolf Kühn, der in »Innere Gewissheit und lebendiges Selbst« schreibt:

»Die absolute Bindung der Religion an das rein phänomenologische Wesen des Lebens, welches Gott selbst ist, könne der Menschheit insgesamt, sowie jedem Einzelnen – und zwar unabhängig von allen äußeren Faktoren wie Rasse, Geschlecht, Stand, Bildung usw. – eine absolute Würde zurückgeben. Diese wäre dann nicht mehr erst allgemein zu beweisen, sondern sie ist durch die bloße Tatsächlichkeit jeder lebendigen Existenz an sich gestiftet. Aus dieser göttlich-menschlichen Lebenspriorität ergibt sich infolgedessen eine Ethik, deren Praxis als die ›Wiedergeburt‹ des Lebens in allen seinen materiellen wie geistigen Bedürfnissen angesprochen werden kann.«[54]

Mit dem Hinweis auf die rechte Lebensführung ist hier dieselbe Wahrheit ausgedrückt, die ich, um nochmals nur einen östlichen und einen westlichen Vertreter zu nennen, bei Nishijima als Nirvana-Konzept und bei Jürgen Moltmann als »Theologie des Lebens« finde. Für Nishijima vollzieht sich die Überwindung von »Idealismus« und »Materialismus« auf dem »mittleren Weg« des Handelns im Hier und Jetzt,[55] eine Trias, die als Impuls für eine etwas andere, einfache, verstehbare »Trinität« brauchbar wäre. Jürgen Moltmann formuliert die »Wiedergeburt des Lebens zum Leben« in einem seiner letzten Bücher so: »Der »Sinn« des Lebens liegt nicht außerhalb des Lebens, sondern in ihm selbst.« Oder einfacher ausgedrückt: »Wir leben, um zu leben.«[56] Ich schlage vor, das reformatorische »sola fide«, allein durch den Glauben, zu öffnen und es zu erweitern zum heute angemesseneren »sola vita«, allein durch das Leben.

Die menschliche Aufgabe nach Hegel

Was bisher gesagt und beschrieben wurde, ist nur zu verstehen, wenn wir verstehen, was die seit Jahrtausenden bestehende Getrenntheit, Dualität, Entfremdung meint, die zu überwinden die Mystik aller Zeiten, an allen Orten, bei uns, wie ich finde, auch durch den Denkgiganten Hegel, angetreten ist.

Es mag überraschen, dass ich mit dem großen Hegel zu sagen versuche, was Dualität überwinden heißt und wie diese Überwindung im Sinne der Mystik zu geschehen hat, was also die menschliche Aufgabe ist. Ich greife auf Hegel zurück, weil ich eine treffendere, schönere, überzeugendere und mystischere Darstellung der menschlichen Aufgabe nicht gefunden habe. G. W. F. Hegel gibt nun allerdings mit seinem Gesamtwerk, welches heute 20 Bände[57] umfasst, eine Antwort auf die von uns gestellte Frage. Wir haben aber das Glück, nicht den ganzen Hegel mitdenken zu müssen, weil uns Hegel in seiner Interpretation der biblischen Sündenfallerzählung seine Antwort in nuce liefert.

Nach Hegel befindet sich der Mensch – These – nicht mehr im Urzustand der Unmittelbarkeit, in der Sprache des Mythos: im Paradies, sondern – Antithese – in der Entzweiung, die ihm »unendlichen Schmerz über sich selbst«[58] bringt. Seine Lebensaufgabe ist es, an der Aufhebung dieser Entzweiung, damit des Schmerzes – Synthese – zu arbeiten. Wenn der Mensch die Entzweiung aufarbeitet, d. h. sich seiner selbst immer bewusster wird, überwindet er den Schmerz, befreit er sich zum Leben. Das Ergebnis seiner Bewusstseinsarbeit ist die »Gewissheit vom Unmittelbaren«,[59] das »absolute Wissen«,[60] der »sich als Geist wissende Geist«.[61]

Nicht so sehr der Urzustand der Unmittelbarkeit, in der Sprache des Mythos gesprochen das Sein bei Gott nun aber ist es, was Hegel selbst und uns mit Hegel interessiert, sondern des Menschen Dasein in der Entzweiung, sein Rausgeflogensein aus dem Paradies, wie es der mosaische Mythos erzählt, sein In-der-Welt-Sein.

Dieses im Blick redet Hegel nicht vom großen Unglück, das durch Eva, bzw. Adam über die Menschheit hereinbrach, sondern von der »wundervollen Entzweiung des Geistigen«,[62] die von alters her ein »Gegenstand des Bewusstseins der Völker gewesen«[63] sei.

Von dieser Entzweiung sagt Hegel, dass sie nicht von außen durch die Schlange, die ihn aufforderte, vom Baum der Erkenntnis zu essen, an den Menschen herangetreten sei, sondern von innen, wofür die Schlange auch stehe. Als »wundervoll« bezeichnet Hegel die Entzweiung, weil sich Gott nach der jahwistischen Erzählung nach dem Griff des Menschen zur Frucht anerkennend so äußert: »Siehe, Adam ist worden wie unser einer, denn er weiß, was Gut und Böse ist.«[64] Nicht darin könne der Sündenfall also bestehen, dass der Mensch zum Bewusstsein von Gut und Böse komme, sondern worin? Er müsse wohl darin bestehen, dass der Mensch in der Entzweiung an der Entzweiung festhalte, im Zustand der wonnevollen Sündhaftigkeit verharre. Wie es für ihn und sein Weib im Urzustand der Unmittelbarkeit selbstverständlich gewesen sei, unmittelbar »nackt«[65] an allem teilzunehmen, was der göttliche Garten zu bieten gehabt hätte, so selbstverständlich scheint er sich außerhalb des Paradieses, in der Subjekt-Objekt-Trennung beheimaten zu wollen. Weil außerhalb durch die Arbeit der Aufhebung der Subjekt-Objekt-Trennung nun

allerdings Bewusstwerdung geschehe, entstehe ein Neues.
Die neue Identität nennt Hegel »absolutes Wissen«. Wie der
Mensch nicht im Paradies bleiben durfte, weil er dort nicht
wirklich Mensch und nicht wirklich Gott war, so solle er jetzt
auch nicht auf Dauer »draußen« bleiben. Vielmehr würde er
durch das Bewusstsein, welches er »draußen« erlangt, zu einem Wesen von neuer Qualität, einem Wesen, welches nun
nicht mehr getrennt ist, auch nicht einfach nur mehr ist, sondern sich seiner selbst bewusst, d. h. auf neue Weise ist, nämlich bewusst ist in der Gewissheit der Unmittelbarkeit, in welcher er zuvor – im Paradies – nur unbewusst war.

Wenn die Sache mit dem Rauswurf aus dem Paradies von
Seiten Gottes wirklich ernst gemeint ist, was man nach der Erzählung annehmen sollte, muss man denselben nach Hegel als
notwendig begreifen. Der Mensch muss um seiner eigenen
und um Gottes Selbstfindung willen in die Entzweiung/Ent-
fremdung gehen, um sich in derselben deren Überwindung
zu erarbeiten.

Wie zeigt sich diese Entzweiung und was ist ihr positi-
ver, wundervoller Sinn? Die Entzweiung zeigt sich nach der
jahwistischen Erzählung in der Arbeit und der Mühe, die der
Mensch aufwenden muss, um die Entzweiung zu überwinden. Unter dem Aspekt, dass es Gott um deren Überwindung
durch den Menschen ernst ist, sagen wir besser: Sie zeigt sich
als »die menschliche Aufgabe«. Worin besteht diese genauer?

Offenbar soll der Mensch nach Gottes Willen daran arbeiten, in den Zustand absoluten Wissens zu gelangen. Und das
jetzt und hier, aber nicht schnell und sofort. Das neue Sein,
die neue Unmittelbarkeit muss erarbeitet werden. Das ist Arbeit und macht Mühe.

Warum die Erarbeitung? Die dem Menschen auferlegte,
von Gott gesetzte Arbeit, ist Bewusstseinsarbeit. Zen spricht

vom »Erwachen zum wahren Selbst«. Sie geschieht, indem sich der Mensch gegenübertritt und sich eben dadurch als in-der-Welt-seiendes Wesen erkennt. Indem sich der Mensch selbst erkennt, kehrt er nach Hegel im dialektischen Prozess neu in die Einheit zurück. Zurück meint nun genauer vorwärts, weil die Erarbeitung die Weise darstellt, durch die der Mensch sich seiner selbst, mithin Gott durch den Menschen sich seiner selbst bewusst wird; was er sich so seiner selbst zuvor offenbar nicht war. Um auszusagen, dass das rückwärtsgehende Begründen und das vorwärtsgehende Weiterbestimmen ineinander fallen, spricht Hegel am Ende seiner »Logik« treffend von »Rückannäherung«.[66]

Das Neue des neuen Seins, das sich seiner selbst bewusst gewordene Sein, besteht nach Hegel darin, dass der Mensch – wie auch Gott – nun nicht einfach nur mehr Mensch bzw. Gott nicht nur mehr Gott ist, sondern beide im Wissen um sich selbst, der Mensch bewusst Mensch und Gott bewusst Gott ist, beide sich ihrer selbst nun also bewusst geworden sind, d. h. auf neue Weise eins geworden sind. Die neu gewonnene Einheit ist nach Hegel eine geistige. Die geistige Einheit benennend, spricht Hegel von dem sich in Gott und dem Menschen als »Geist wissenden Geist«.

Sind die Gedanken Hegels womöglich schwer zu verstehen, so kann man sie, wenn man langsam genug denkt, vielleicht doch nachvollziehen. Im Übrigen ist zu bemerken, dass es sich hier nicht um seine eigenen Gedanken handelt, sondern dass es Hegel um die eine Wirklichkeit geht, die auf die beschriebene Weise in der jahwistischen Erzählung – bei Hegel in der Philosophie des Geistes – sich ihrer selbst bewusst, d. h. durchsichtig werde, wie jeder vermöge seiner Vernunft erkennen könne.

Das zu verstehen, ist nicht schwerer, als wenn man – bibel- und offenbarungsgläubig nicht bereit, selber zu denken, oder

theistisch oder atheistisch bereit, zu viel zu denken – sich be-
züglich dieses Sachverhalts so äußert: Man muss eben glauben, was man nicht versteht oder: Glauben bedeutet mir
nichts, man muss wissen. Der Weg der Mystik ist, anders als
der Weg des Glaubens oder des verstandesmäßigen Verstehens, der Weg vernehmend-vernünftigen Verstehens, d.i. der
Weg des Weitergehens. Das bedeutet, nicht beim begreifen-
den oder nichtbegreifenden Verstand stehen zu bleiben, sondern die Vernunft einzuschalten, mit der wir vernehmen, was
den Verstand überschreitet, und die uns für alles öffnet, was
uns in der einen Wirklichkeit über das verstandesmäßige alltägliche Wissen hinaus begegnen will. Martin Luther sieht das
Predigtamt darin begründet, dass es nicht allein »lehren will,
dieses Leben zu gebrauchen und den Bauch hier nähren«, sondern darüber hinaus »von einem anderen Leben, danach wir
sollen trachten«.

Hegel erhebt wie Zen den Anspruch, die Selbstwirksamkeit
der Wirklichkeit voll und ganz gelten zu lassen. Beide verstehen sich als so etwas wie Stenographen der sich selbst erhel-
lenden, selbst vermittelnden, selbst realisierenden Wirklichkeit. Geschieht Unio mystica als Akt der Bewusstwerdung
nach Hegel im Denken, findet sie im Zen wesentlich in der
Stilleübung statt. Vielleicht kann man zum Schluss so sagen:
Was Hegel durch Denken praktiziert, praktiziert und denkt
Zen vor allem im Praktizieren des achtsam gelebten Alltags,
unterstützt durch die spezifischen Übungen des Sitzens in der
Stille. Oder kürzer: Was Hegel denkt, praktiziert Zen.

Auch der Glaube unternimmt den Versuch, die verloren
gegangene Einheit wiederherzustellen. Das aber gelingt ihm
nicht. Warum nicht? Weil er als »Glaube an …« in der Subjekt-Objekt-Trennung, damit im Bereich des Denkens und
der Vorstellungen stecken bleibt. Immanuel Kant hat das mit

seiner unseligen Unterscheidung von »Glauben« und »Denken« zementiert. Offenbar war er der Meinung, dass es für die Dinge der Religion eines anderen Organs als des Organs des Denkens bedürfe. Im dualen System bleiben Glauben aber wie Denken, auch das tiefe und enzyklopädische *Denken* der Einheit bei Hegel, in der Subjekt-Objekt-Trennung und befriedigen insofern nicht, als es um das *Leben* in der Einheit mit der Wirklichkeit geht.

Mir scheint, dass das Bemühen, die Menschen auf den Weg der Einheit mit der Wirklichkeit zu führen, weder der seit 1900 Jahren bestehenden Dogmatik noch der Philosophie Hegels gelungen ist, wohl aber der Mystik, mögen sich die akademisch-universitäre Philosophie und Theologie noch so sehr dagegen sträuben.

Meister Eckhart

Beziehen wir uns hier, um weiterzukommen, allen voraus, auf den bekanntesten und geistvollsten Mystiker des Mittelalters, den aus Thüringen stammenden Dominikaner Meister Eckhart. Er schreibt in seiner berühmten Predigt über Matthäus 5,3, die wahre Armut interpretierend:

»Nun gebt hier genau acht. Ich habe es (schon) oft gesagt, und große Meister sagen es auch: Der Mensch soll aller Dinge und aller Werke, innerer wie äußerer, so ledig sein, dass er eine eigene Stätte Gottes sein könne, darin Gott wirken könne. Jetzt aber sagen wir anders. Es ist so, dass der Mensch aller Dinge ledig steht, aller Kreaturen und seiner selbst und Gottes; steht es aber noch so mit ihm, dass Gott in ihm eine Stätte zum Wirken findet, so sagen wir: So lange es das noch im Menschen gibt, ist der Mensch (noch) nicht arm in der eigentlichsten Armut.«[67]

Was Eckhart hier als »Armut« fordert, ist das Freisein von allem das absolute Leerwerden. Dieses ist der »Leere« im Buddhismus vergleichbar. Es geht darum, Unio mystica so zu leben, dass kein Bild, kein Gedanke, keine Vorstellung mehr zwischen den Menschen und »Gott«, zwischen den Menschen und das Leben tritt, der Mensch also in die Unmittelbarkeit mit »Gott« so hinein verschmilzt, dass das Gegenüber Gott-Mensch aufgehoben wird, d. h. alles nur noch »Gott« bzw. »Leben« ist.

Genau betrachtet verschwindet damit nicht nur das Ich, sondern indem »Gott« alles wird, auch der »Gegenüber-Gott«. »Gott« wird zum »Geschehen«, dem »Geschehen hier und jetzt und in alle »Ewigkeit«, damit aber zum »Geschehen des Lebens selber«, in welchem der Mensch sich *immer schon* vorfindet. Dies erfährt er in der Unio mystica *akut*.

Das mystische Lebenskonzept ist vor und auch nach Meister Eckhart immer wieder vertreten worden. So von seinen Schülern Heinrich Seuse und Johannes Tauler, von den spanischen Mystikerinnen und Mystikern, von Jakob Böhme und Angelus Silesius, von Tersteegen und Schleiermacher bis hin zu Albert Schweitzer und Dorothee Sölle.

Vor diesen, in den ersten Jahrhunderten nach Beginn der Zeitrechnung, wurde es am deutlichsten vertreten von den sog. Wüstenvätern und dem Neuplatoniker Plotin.

Durchscheinen für die, die sehen können, tut es aber schon bei Paulus wie dann auch bei Luther.

Mit zweifelhaftem Erfolg abgewehrt haben es die meisten Theologen bis in die jüngste Vergangenheit hinein, namentlich Emil Brunner,[68] Friedrich Gogarten[69] und Karl Barth.[70] Mit einer großen Ausnahme: Bereits 1963 formulierte der katholische Theologe Karl Rahner, visionär die bevorstehende große Transformation ansprechend, was als Zitat den II. Teil einleitet.

Teil II:

Das lebendige Christentum – nicht Lehre, sondern Weg

»Längst aber hat sich eine Kluft aufgetan zwischen dem, was die große Mehrheit der Kirchgänger über den Inhalt der Bibel zu wissen glaubt und dem, was Theologen in akribischer Recherche herausgearbeitet haben.«[1]

Carel von Schaik und Kai Michel

»Der Christ der Zukunft wird ein Mystiker sein, einer der etwas erfahren hat oder er wird nicht mehr sein.«[2]

Karl Rahner

Das Christentum, der christliche Glaube, die Religionen überhaupt sind nach meinem Verständnis nicht dazu da, die Menschen zur jeweiligen Religionsgemeinschaft hin zu bekehren, sind also nicht Selbstzweck, sondern sie sind dazu da, den Menschen zu zeigen, wie sie den Weg zum guten, glücklichen, bewussten und erfüllten Leben finden. Die Absolutsetzung der eigenen Religionsgemeinschaft, wie sie der Islam dem Judentum und dem Christentum unterstellt, um sich gleichzeitig über beide Geschwisterreligionen, sich ebenso absolut setzend, zu erheben – »Mit dir werden nicht die Juden noch die Christen zufrieden sein, ehe du nicht ihrem Glauben folgst.« (Koran)[3] – darf sowohl um »Gottes« als auch um der Menschen willen nicht dauerhaft in Geltung bleiben. Sie mag über Jahrhunderte vor allem in den monotheistischen Religionen gegolten haben. Heute jedenfalls und in Zukunft muss es darum gehen, nicht recht zu haben, nicht einmal darum, recht zu lehren, sondern darum, recht zu leben. Jürgen Moltmann sagt vorausschauend:

»War nicht seit der Zeit Luthers die Hoffnung lebendig gewesen, dass auf die ›kirchliche Reformation‹ die ›soziale Reformation‹ folgen werde, weil die ›Reformation der Welt‹ schließlich alle Dinge der Welt in die Wiedergeburt zum Leben führen werde?«[4]

In der oben zitierten Koran-Sure heißt es: »Die Rechtleitung Gottes ist die Rechtleitung.«[5] Das gilt für alle monotheistischen Religionen gleichermaßen, aber nur, wenn mit Allah »Gott« als die eine umfassende Wirklichkeit angesprochen wird. Lebendiges Christentum, lebendiger, christlicher Glaube ist so wenig wie lebendiges Judentum, lebendiger, jüdischer Glaube und wie lebendiger Islam, lebendiger, muslimischer Glaube »Lehre«, sondern sie alle sind »Wege« zur *einen* Wirklichkeit, zum *einen* Leben.

Bleiben wir beim Christentum. Christentum ist nicht, wie Konfirmandenunterricht und Theologiestudium leider meist vermitteln, ein theologisches Lehrsystem, sondern ein »Weg«. Das wird deutlich, wenn wir an die Anfänge zurückgehen. Nach Apostelgeschichte 9,2 hatte sich Paulus »Sondervollmachten« besorgt, um die Anhänger des neuen »Weges«, Männer und Frauen, die er dort finde, zu fesseln und nach Jerusalem zu bringen. Und in Apostelgeschichte 22,4 kann man lesen: »Ich habe den neuen ›Weg‹ bis auf den Tod verfolgt, habe Männer und Frauen gefesselt und in Gefängnisse eingeliefert.« Die frühen Christen hatten, um den durch Jesu Leben und Botschaft gesetzten Impuls zur Reform des jüdischen Glaubens zu bezeichnen, nicht gleich von »Christentum«, sondern vom »neuen Weg« gesprochen. Damit nahmen sie korrekt und konsequent auf, was der historische Jesus mit »Nachfolge« ausgedrückt hatte. Wollen wir den christlichen Glauben als »Weisung für den Weg« verstehen, müssen wir ihn in unserer Zeit, für unsere Zeit, neu aufbereiten. Für die Neuaufbereitung nötig ist der Rückgriff auf seinen Kern, seine Wurzeln. Diese sind: das Leben und die Botschaft Jesu.

Durch beide, Leben und Botschaft, drückte der Wanderlehrer aus dem bäuerlichen Galiläa aus, wie das geht, zum guten, glücklichen, bewussten und erfüllten Leben zu gelangen.

Können wir das Leben und die Botschaft des historischen Jesus überhaupt noch feststellen, wo wir doch auf die Konstruktionen der neutestamentlichen Schriftsteller wie der Kirchenväter angewiesen bleiben, die in erster Linie in Erzählungen und Geschichten über Jesus berichteten, die nicht in unserem heutigen Sinne historisch sind, Geschichten, die ein überhöhtes Bild dessen zeichneten bzw. konstruierten, um den es uns heute geht, den historischen Jesus?

Was sagt dazu die »moderne Theologie«?

1. Was die »moderne Theologie« zu leisten vermag

Beim Rückgriff auf die Wurzeln, den Kern des Christentums, müssen wir nicht von vorne beginnen, wir können vielmehr darauf aufbauen, was uns die sog. »moderne Theologie« seit der Aufklärung, seit etwa 1740 an einigermaßen verlässlichem Wissen über Jesus zur Verfügung stellt. Ich werde versuchen, dies in Grundzügen aufzuzeigen.

Darüber hinaus ist neu nach der Form zu fragen, in der wir authentisch fromm, sagen wir heute genauer: spirituell sein können. Es geht um eine für Christen wie Nichtchristen lebbare, authentische Spiritualität. Auf der Suche danach ist von Interesse, was die Tradition unter dem Stichwort »Mystik« bereithält.

Mit beidem, dem, was wir heute wissenschaftlich von Jesus wissen können, und dem, was die Tradition an Angeboten zur Einübung in spirituelles Leben bereithält, dürfte im digitalen Zeitalter ein zufriedenes, glückliches, erfülltes Leben gut zu gewinnen sein.

Die Theologie seit der Aufklärung bemühte sich in »drei Rückfragen« (»requests«) um Jesus.

Erste Rückfrage: Herrschte im Mittelalter bis über die Reformation hinaus noch die Auffassung vor, dass die Bibel die von »Gott« wörtlich inspirierte Heilige Schrift ist, so begann man sich mit den Fortschritten in den Natur- und Geisteswissenschaften mehr und mehr für die methodisch überprüfbaren und feststellbaren Tatsachen der biblischen Überlieferung zu interessieren. Man bemühte sich, hinter den Übermalungen bzw. Konstruktionen des Neuen Testaments – die Texte sind nicht Tatsachenberichte, sondern Glaubenszeugnisse – den historischen Jesus freizulegen. Al-

bert Schweitzer hat in der »Geschichte der Leben Jesu Forschung« das Ergebnis der von Reimarus/Lessing bis zu David Friedrich Strauß (1808–1874) und Christian Ferdinand
Bauer (1792–1860) nachvollziehbaren Bemühung, ein »Leben Jesu« zu rekonstruieren, allerdings negativ festgehal-
ten: Niemand könne mehr sagen, wer Jesus wirklich war. Es
sei bei den Forschungen lediglich ein »Jesus« herausgekom-
men, der je nach Geist der Zeit, der »aufklärerische Lehrer
von Gott«, das »Genie der Romantik«, der »Ethiker« im Sinne Kants oder der »Vorkämpfer sozialer Ideen«[6] war, ein Jesus also, nicht wie er wirklich war, sondern wie ihn die Auto-
ren aus ihrer Zeit heraus hatten sehen können.

Zweite Rückfrage: In Konsequenz der festgestellten Tatsache,
dass man auf historisch-kritischem Weg den historischen Jesus nur verfehlen könne, kehrten Karl Barth u.a. in der sog.
II. Phase wieder zurück zum mythischen Dogma vom »ver-
kündigten Jesus Christus« als der Basis der Kirche. Kein Geringerer als Rudolf Bultmann war es dann, der in derselben II. Phase in seinem berühmt gewordenen Vortrag von
1941[7] sein Programm der Entmythologisierung präsentierte
und darin die mythischen Texte ebenfalls insgesamt nicht als
historische Tatsachen, sondern als mythologische Texte verstand und sie auf das Selbstverständnis des Menschen hin in-
terpretierte.

Dritte Rückfrage: Bultmann hatte zwar eine revolutionäre Interpretation geliefert, die Rückkehr zum historischen Jesus
aber war für ihn nicht möglich. Das befriedigte nicht. Und
so war es zur dritten Rückfrage (»third request«) gekommen.
Waren bereits Rudolf Bultmanns Schüler Ernst Käsemann
und Willi Marxen zum historischen Jesus zurückgerudert, in-

dem sie den Christusmythos an denselben gebunden wissen wollten, so ging das kalifornische Jesusseminar ab 1980 mit John Dominique Crossan[8] nochmals, diesmal noch radikaler, daran, glaubwürdiges, authentisches, historisches Jesusmaterial zu eruieren. Das mit dem m. E. überzeugenden Ergebnis: Als wirklich echt jesuanisch gelten könnten nur kurze, prägnante Einzelsätze und Kernstücke von Gleichnissen, und das vor allem dann, wenn sie weder im jüdischen noch im frühchristlichen Kontext vorkämen und mehrfach bezeugt seien. Außerdem gelte das außerkanonische Thomasevangelium, der berühmte und immer noch viel zu wenig berücksichtigte Fund von Nag Hammadi 1945 in Mittelägypten, wie die den Evangelien zugrunde liegende sog. Logienquelle als zuverlässig. Der amerikanische Neutestamentler Robert Funk[9] bringt das Ergebnis der neuesten, amerikanischen Jesus-Forschung in 21 Thesen »The Coming Radical Reformation« (Die kommende radikale Reformation) auf den Punkt: Es sei nicht länger glaubhaft, Jesus als »Gott« zu sehen. Die Rede vom Erlöser sei archaisch. Die Rede von der Jungfrauengeburt sei eine Beleidigung der modernen Intelligenz. Die Lehre von der Sühne sei subrational und subethisch. Jesu Auferstehung sei metaphorisch zu verstehen und die Erwartung der Wiederkehr Jesu zum Gericht sei Teil eines überholten mythischen Weltbildes etc.

Obwohl vielfach kritisiert, hilft uns die Forschungsarbeit des kalifornischen Jesus-Seminars doch, uns im Sinne der ersten Rückfrage – hinter der prächtigen, majestätischen Figur des frühkirchlich konstruierten Christus – dem Jesus zu nähern, wie er wirklich war. Die unübersehbare Flut von Jesusbüchern, die seit Albert Schweitzers Abrechnung erschienen sind, zeigt, dass es ein großes Bedürfnis gibt, ja vermutlich theologische Daueraufgabe bleibt, danach zurückzufragen, wer der *Mensch* Jesus wirklich war.

Um diese Rückfrage stellen und sie befriedigend beantworten zu können, ist nicht unbedingt ein Theologiestudium nötig, aber ein gerüttelt Maß an Interesse für die Sache Jesu und gesunder Menschenverstand. Belohnt wird das Bemühen um den wirklichen Jesus m. E. mit einer tieferen Einsicht in den Grund und Kern des christlichen Glaubens. Der weitere Gewinn: Auf diesem Weg zu einer einigermaßen verlässlichen, glaubwürdigen, in die Zeit passenden Formulierung des wesentlich Christlichen zu kommen.

2. Wer Jesus wirklich war

Nehmen wir das Ergebnis der drei »Rückfragen« der »modernen Theologie« von Reimarus/Lessing bis zu Crossan/ Funk, bei uns: Zager[10]/Neuenschwander, zur Kenntnis, lässt sich sagen: Es stimmt weder, dass man von dem *Menschen* Jesus in keiner Weise mehr etwas wissen könne,[11] noch stimmt, dass wir angewiesen bleiben auf das Jesusbild der Evangelien, des Paulus und der Urgemeinde, in welchem Jesus, aus Glauben erhöht, zum Christus konstruiert wird. So viel lässt sich rekonstruieren:

Profil des historischen Jesus

Es gab und gibt als Ursprung und Kern des Christentums einen jüdischen Galiläer namens Jeschuah (aramäisch), Jesus (hebräisch), über den sich ungefähr das Folgende sagen lässt:

Da ist um das Jahr 30 nach der Zeitenwende ein einfacher Mann in den Dörfern Untergaliläas aufgetreten, der die Armut der Menschen, die dort lebten, ihre Mühe, es durch das Einhalten der Gebote »Gott« recht zu machen, geteilt hat. Außerdem stellte er ihnen in einfachen Worten und durch Gleichniserzählungen ein besseres Leben in Aussicht. Selbst wenn sich die Bauern, Handwerker, Taglöhner und Fischer von dem jüdischen Rabbi nicht viel versprochen haben mögen, hörten sie doch hin, hörten immer wieder hin, hörten mit Interesse hin, was er zu sage hatte. Aufmerksamkeit bekam der Rabbi, weil er in einer Bescheidenheit und Selbstlosigkeit aufgetreten sein muss, die aufhorchen ließ und die ankam, weil er, beseelt von tiefem Mitgefühl, dazu ermutigt haben muss, sich dem Leben zuzuwenden.

Klar tritt das Profil eines Menschen hervor, der in seiner unbefangenen Selbstlosigkeit die Menschen dort abholte, wo sie in ihrer Armut unterwegs waren und wo sie unter der Last der Gebote ächzten. Das kann man leicht erkennen, wenn man mit einem Text wie dem sog. »Heilandsruf« von Matthäus 11,28–30 in die Situation der Menschen zurückschaut: »Kommet her zu mir alle, die ihr mühselig und beladen seid, ich will euch erquicken.« Wer sollten die Mühseligen und Beladenen gewesen sein, wenn nicht die lebensmüden, geknechteten und religionsgeschädigten einfachen Leute? Und verrät nicht die erste Seligpreisung »Glückselig die Menschen, die in Sachen Glaube nicht viel vorzuweisen haben, sie sind hier und jetzt schon im Himmel«, dass für die Glückseligkeit des Lebens in der Sicht Jesu keine Leistungen, nicht einmal *religiöse* zu erbringen waren? Wenn das die Leute nicht getröstet, ermutigt und erfreut hat, was dann hätte ihnen helfen können?

Weiter lud Jesus zur Liebe zum Leben ein, zum eigenen wie zum fremden. Mit der *unbedingten* Liebe brachte er das Wesentliche der Tora zur Sprache, damit das, worauf es im alttestamentlichen Judentum wesentlich ankam. Und er legte zugleich den Grund für das, was sich später als das auf ihn gründende »Christentum« auf ihn berief. Aber unabhängig von dem, was es als Judentum zu seiner Zeit gab und was als Christentum noch werden sollte, war es sein Anliegen gewesen, dafür zu werben, dass die Mitte der Tora, die bedingungslose Liebe, *gelebt* wird. Von sich wegweisend, muss er auf das Eine hingewiesen haben, worauf es wirklich ankam und bleibend ankommt, auf die Liebe zum Leben. Bei dem ehemaligen Mainzer Neutestamentler, dem Bultmannschüler Herbert Braun, kann man den Grund für das Gekommensein Jesu, wie er sich selbst aus den aus Glauben konstruierten Evangelien insgesamt herleiten lässt, so lesen:

»daß das alles in einem Zentrum verankert ist: in der rechten Offenheit für den Nächsten ...

daß die Jesustradition den Menschen lehren will, sich als einen total Beschenkten zu verstehen, bis hin zu der Erkenntnis, Jesus will nicht als äußere Autorität vorweg anerkannt werden, er gewinnt Autorität durch das, was er fordernd und befreiend dem Menschen zu sagen hat ... Gott aber ist nicht die Begründung dieser Autorität Jesu; er ist der Ausdruck für diesen WEG (von mir hervorgehoben), den ein Mensch gehorchend und bescheiden gehen kann.«[12]

Leben gewinnen durch Loslassen

Wie beides, Selbstlosigkeit und liebende Zuwendung zum Leben, zusammengehen und den Kern des jüdischen wie des christlichen Glaubens bilden, möchte ich exemplarisch an der neutestamentlichen Erzählung vom sog. »Reichen Jüngling«,[13] an der alttestamentlichen Geschichte von der »Opferung Isaaks«,[14] an dem Nachfolgewort aus Lukas 9,24ff. und an Jesu Rede vom »Reich Gottes« zeigen.

Den reichen jungen Mann, der wissen will, wie man zum guten Leben kommt, verweist Jesus auf die Gebote. Als jener beteuerte, nach denselben gelebt zu haben, fordert ihn Jesus auf, alles, was er besitzt, zu verkaufen. Daran, dass der reiche junge Mann dazu nicht in der Lage war, wird sichtbar, dass dieser das Leben noch nicht gefunden hatte. Es wird nicht gesagt, dass der junge Mann nach dem Gespräch zurückgekommen war, weil er verstanden hatte. Hingegen wird gesagt, dass er »traurig davon« ging.

Jener war offensichtlich noch nicht, wo Jesus war, selbstlos, zu unbedingter Liebe fähig, im Leben, wie es »Gottes« Willen entsprach, unterwegs.

Denselben Sinn entnehme ich der alten, mythologischen Erzählung von der sogenannten »Opferung Isaaks«. Von Abraham wurde verlangt, sein Liebstes, den Sohn, zu opfern. Eine grausame, für heutiges Verstehen nicht mehr nachvollziehbare Forderung. Als solche schon gar nicht in Einklang zu bringen mit der Vorstellung von einem gütigen Gott. Die Forderung, sein Liebstes herzugeben, ist nur nachzuvollziehen von dem Gedanken her, dass es noch Wichtigeres gibt, ja geben muss, als für einen Vater sein Kind. Das kann nur eine Liebe sein, die größer ist als die Elternliebe. Allein um dieser einzigartigen, ganz großen Liebe willen, die sich auf das Leben als solches bezieht, mag es als gerechtfertigt erscheinen, wie in dem alten Text die Forderung zu erheben, alles, wirklich alles, loszulassen, um alles, damit das einzigartige, ganz große Leben, das Leben schlechthin, zu gewinnen. Wie anders, unter welchem vernünftig mitvollziehbaren oder logischen Gesichtspunkt könnte man sonst diese Erzählung, bis hinein in ihre Dramaturgie, gelten lassen?

Dieselbe Aussage wie die in den hier exemplarisch interpretierten Erzählungen des Alten und des Neuen Testaments

findet sich in der Komposition Lukas 9,23. Diese Komposition ist deshalb fundamental wichtig, weil sie uns über das
Verständnis von »Nachfolge« informiert, wie es für den historischen Jesus von Bedeutung gewesen sein musste: »Wer
mir folgen will, der verleugne sich selbst, nehme sein Kreuz
auf sich und folge mir.«

»Sich selbst verleugnen«, das ist nicht nur: sich selbst
hintanstellen, sondern zu seinem egohaften Selbst *Nein* zu
sagen, d. h. sich selbst loszulassen.

»Sein Kreuz auf sich nehmen«, d. h. sein Schicksal, das Leben also, wie es sich zeigt, anzunehmen.

Nachfolge, wie Jesus sie gemeint haben könnte, wäre demnach *nicht* ein Hinter-Jesus-her-Tappen, sondern ein akti-
ves Sich-selber-Loslassen. Auf diese Weise werde der Mensch
überhaupt erst fähig, so Jesu Botschaft, das Leben zu empfangen. Für Nachfolger Jesu geht es demnach darum, an der Seite Jesu *selber* den Weg des Lebens zu gehen. Und gerade so,
durch »Sterben« und »Selber-Gehen«, mit Jesus verbunden
zu sein. Ein eminent gründlicher und zugleich emanzipatori-
scher Lebensakt. Hält man in den Evangelien weiter danach
Ausschau, was Jesus für die menschliche Unterwegs-Existenz
wichtig war, so stoßen wir auf die beiden weiteren Aspekte
»Sorglosigkeit« und »Gegenwärtigkeit«.

Sorglosigkeit: »Sehet die Vögel unter dem Himmel. Sie sä-
en nicht und ernten nicht. Und ihr himmlischer Vater nährt
sie doch.«[15] Jesus muss aus der Erfahrung gelebt und ein
Interesse gehabt haben, weiterzugegeben: Weil durch das Leben selbst – in seinem Verständnis: die göttliche Grundbe-
kümmerung – für mein Leben gesorgt ist, brauche sich der
Mensch um sein Leben keine Sorge zu machen.

Bei Lukas ist weiter zu lesen: »Das Reich Gottes ist mitten
unter euch«,[16] genauer aus dem Griechischen übersetzt: »mit-

ten in euch« (entos hymin). Der katholische Theologe Meinrad Limbeck wies in seiner Tübinger Abschiedsvorlesung[17] nach, dass Luthers Übersetzung von Markus 1,15 »Das Reich Gottes ist nahe herbeigekommen« von Martin Luther falsch, mindestens aber missverständlich übersetzt sei. Das griechische »aeggiken« sei Perfekt und weise als Perfekt auf den Zustand hin, der sich aus dem Sich-Nähern des Reiches Gottes ergeben habe, müsse also mit »nahe herangekommen«, besser und genauer noch mit: »in der näher gekommenen Nähe da sein«, oder noch besser einfach nur mit: »da sein« übersetzt werden. Jesu Ansage hieße demnach: das »Reich Gottes«, oder die »Gottesherrschaft«, oder die »Königsherrschaft Gottes« ist »da«.

Es geht dem Autor um den rein sprachlichen Nachweis dessen, dass weder durch das Sich-Ausstrecken nach einem Noch-nicht-da-Seienden gesucht werden müsse, noch darum, dass hier lediglich die Anfänglichkeit eines neuen Daseins ausgedrückt werde, sondern darum, zu sagen, dass man das Leben als Leben ergreifen, es hier und jetzt – im Reich Gottes –, genauer: als Gottesherrschaft Wirklichkeit werden lassen solle.

Auf eine weitere Ungenauigkeit in der Übersetzung Martin Luthers im selben Vers an dieser wichtigen Stelle ist hinzuweisen: Folgerichtig und in Konsequenz der Tatsache, dass der Augenblick (kairos) des Reiches Gottes da sei, wird in dem wichtigen, Jesus zugeschriebenen Wort, weiter dazu aufgefordert, dass die Menschen umdenken (metanoeite) und *im* (en) Evangelium, nicht *an* das Evangelium glauben (pisteuete) sollen.

Der historische Jesus vertrat, soweit man das herleiten kann, also die Botschaft, dass man, weil das göttliche Leben da sei, sich ihm augenblicklich anvertrauen solle.

In diesem Zusammenhang ist interessant, dass die Logien des 1945/46 bei Nag Hammadi in Oberägypten gefundenen, für die Erforschung der Evangelien so bedeutsamen apokryphen Thomasevangeliums die *Erwartung* des Reiches Gottes verwerfen und stattdessen ebenfalls dessen *Vorhandensein* verkünden:

»Es sagten zu ihm seine Jünger: Das Königreich, wann wird es kommen? Jesus sagte: Es wird nicht kommen in Erwartung. Man wird nicht sagen: Siehe hier oder dort, sondern das Königreich des Vaters ist über der Erde ausgebreitet und die Menschen sehen es nicht.«[18]

Im Übrigen wird im Thomasevangelium das Kommen Jesu nicht mit dessen Opfertod begründet, sondern es hat eine erkenntnisvermittelnde Funktion. Durch Jesus erhält der Mensch die Möglichkeit, den eigenen Lichtanteil in sich *selbst* zu erkennen, der zu dem ganz großen Licht gehört, aus dem alles, was ist, entstanden ist. (Logion 50)

Die Mystiker, allen voran Meister Eckhart, hätten über das leider erst vor gut siebzig Jahren entdeckte Thomasevangelium ihre helle Freude gehabt, denn es enthält nicht allein die Botschaft, dass Jesus in der Form eines Lichtfunkens in jedem Menschen existent sei (Logion 24), sondern auch die Botschaft, dass die Zeit für die Menschheit gekommen sei, sich selbst »in der großen Einheit der Dinge« wiederzufinden. Mystische Spiritualität also in reinster Form.

In dem wichtigen Nachfolgewort haben wir die Einladung Jesu an die Armen und Benachteiligten, an den »Gott« des Lebens zu glauben, bzw. wie wir jetzt genauer sagen können: das Bewusstsein auf das Geschenk des Lebens zu richten. Wie aber könnte man das besser tun, als in allen Widerwärtigkeiten – nun können wir auch mit dem Thomasevangelium sagen: das Leben hier und jetzt dennoch zu ergreifen.

Es stimmt, dass, wie der französische Bibelwissenschaft-
ler Alfred Loisy formulierte, Jesus das Reich Gottes verkündet habe, die Kirche aber gekommen sei. Für mich enthält
der Satz die Erinnerung daran, dass die Kirche nicht mit dem
Reich Gottes gleichgesetzt werden darf. Wer tut das? Umso
wichtiger und schöner ist ihre Aufgabe, die Menschen konkret zu dessen Realisierung anzuleiten. Geschieht Realisierung des Reiches Gottes nach Jesu Verständnis aber so, dass
Augenblicklichkeit zu leben ist, hat die Kirche keine vorneh-
mere Aufgabe als zu dieser Augenblicklichkeit einzuladen.

Außerbiblische Quellen

Weil nun manchmal auch Zweifel daran geäußert werden,
ob es Jesus als Person überhaupt gab, sind hier die folgenden
Hinweise unumgehbar:

Es ist so gut wie sicher, dass es Jesus gab. Sein pures Da-
gewesensein wird neben den Evangelien auch durch wenige außerbiblische Quellen bestätigt. Zu diesen gehören die
»Antiquitates Judaicae« des jüdischen Geschichtsschreibers
Flavius Josephus. Er schreibt um 60 nach Beginn der Zeitrechnung:

»Um diese Zeit lebte Jesus, ein weiser Mensch, wenn man
ihn überhaupt einen Menschen nennen darf. Er war nämlich der Vollbringer ganz unglaublicher Thaten und der Lehrer aller Menschen, die mit Freuden die Wahrheit aufnah-
men. So zog er viele Juden und auch viele Heiden an sich.
Er war der Christus. Und obgleich ihn Pilatus auf Betreiben
der Vornehmsten unseres Volkes zum Kreuzestod verurteil-
te, wurden doch seine frühen Anhänger ihm nicht untreu.
Denn er erschien ihnen am dritten Tage wieder lebend, wie
gottgesandte Propheten dies und tausend andere wunderba-

re Dinge von ihm vorher angekündigt hatten. Und noch bis
auf den heutigen Tag besteht das Volk der Christen, die sich
nach ihm nennen, fort.«[19]

Da diese Textstelle fast gleichlautend bei dem frühen Kir-
chenhistoriker Eusebius genannt wird, braucht sie nach
Eusebius hier nicht eigens zitiert zu werden. Hingegen erscheint mir die aus dem 10. Jahrhundert n. Chr. stammen-
de arabische Fassung des Josephus interessant, die der Jeru-
salemer Professor Shlomo Pines 1071 entdeckte. In dieser
heißt es:

»Zu dieser Zeit gab es einen weisen Mann namens Aisu.
Der führte einen guten Lebenswandel. Und er war als tu-
gendsam bekannt. Und viele Juden und Angehörige anderer
Völker wurden seine Jünger. Pilatus hatte ihn zum Tode am
Kreuz verurteilt. Seine Jünger aber gaben seine Lehren nicht
auf. Sie erwähnten, dass er ihnen drei Tage nach der Abnah-
me vom Kreuz erschien, und dass er lebte. Vielleicht ist es der
Messias, über den die Propheten Wunderdinge berichteten.«[20]

Zu diesen gehört Plinius:

»Sie versicherten jedoch, ihre ganze Schuld oder ihr gan-
zer Irrtum habe darin bestanden, dass sie sich an einem bestimmten Tag vor Sonnenaufgang zu versammeln pflegten,
Christus als ihrem Gott einen Wechselgesang zu singen und
sich durch Eid nicht etwa zu irgendwelchen Verbrechen zu
verpflichten, sondern keinen Diebstahl, Raubüberfall oder
Ehebruch zu begehen, ein gegebenes Wort nicht zu brechen,
eine angemahnte Schuld nicht abzuleugnen.«[21]

Zu diesen gehört Tacitus. Er erklärt den Namen »Chris-
tiani« und schreibt:

»Daher schob Nero, um dem Gerede ein Ende zu machen,
andere als Schuldige vor und belegte die mit den ausgesuch-
testen Strafen, die, wegen ihrer Schandtaten verhaßt, vom

Volk Chrestianer genannt wurden. Der Mann, von dem sich dieser Name herleitet, Christus, war unter der Herrschaft des Tiberius auf Veranlassung des Prokurators Pontius Pilatus hingerichtet worden; und für den Augenblick unterdrückt, brach der unheilvolle Aberglaube wieder hervor, nicht nur in Judäa, dem Ursprungsland dieses Übels, sondern auch in Rom, wo aus der ganzen Welt alle Greuel und Scheußlichkeiten zusammenströmen und gefeiert werden.«[22]

Zu diesen gehört Sueton. Er weiß vom Tumult einer »messianischen Bewegung«[23] in Rom zu berichten. Jesus und die Christen werden nicht erwähnt, obwohl sich Sueton auf diese bezieht.

Ziehen wir aus den biblischen Erzählungen, wie den Einzelworten, wie aus der Tatsächlichkeit seines Dagewesenseins die Summe, hören wir von einem tatsächlich da gewesenen Jesus, der die Menschen dort abholte, wo sie sich befanden, in einem oft erbärmlichen, entfremdeten Leben, und sie auf den Weg wirklichen Lebens aufmerksam machte.

Als mir diese Botschaft Jesu anhand der Texte klar geworden war, entdeckte ich bei dem Berner Systematiker Werner Zager die zusammenfassende Bemerkung:

»Was an der geschichtlichen Gestalt Jesu für den modernen Menschen gültig bleibt, sind seine unbefangene Menschlichkeit, die durch ihn ermöglichte Erfahrung eines barmherzigen Gottes, das Doppelgebot der Liebe und die Eröffnung eines erfüllten Lebens.«[24]

Zager, am wahrhaftigen Umgang mit christlichen Dogmen interessiert, spricht von Jesus als dem »Vermittler wahren Lebens«.[25]

So ist es. Der historische Jesus war ein Vermittler wahren Lebens. Er war das exemplarisch. Er war Vorbild. Mit Schleiermacher könnten wir genauso gut sagen »Urbild«. Das ist alles. Das ist genug. Das reicht als Ansporn, das Wunder »Leben« in jedem Augenblick wirklich und mit jedem Atemzug zu realisieren.

3. Auf jeden Schritt achten

Wenn nach Jesu Impuls der selber zu gehende »Weg« die Kategorie ist, die das Leben treffender erfasst als »Lehre«, ist es konsequent, jeden Schritt wach, mit allergrößter Aufmerksamkeit und achtsam zu setzen. Die Schrittsteine in japanischen Gärten, insbesondere die in den fabelhaften Zen-Gärten Kyotos, manifestieren für mich die Schrittaufmerksamkeit, die dem Gehen des Weges angemessen ist. Den Weg wach zu gehen, das bedeutet, den Weg mit der Aufmerksamkeit, Vorsicht, Behutsamkeit, Achtsamkeit zu gehen, mit der ein Mensch geht, der nachts in einer Gegend unterwegs ist, die er nicht kennt. Außerdem ist es nicht die Frage, ob ich den »richtigen« oder den »falschen« Weg gehe, ob ich also – Rotkäppchen im Märchen gleich – vom Weg abweichen dürfe oder das besser nicht tun sollte. Vielmehr das ist die Frage, ob ich den »Weg« aufmerksam »genug« gehe.

In Japan kennt man viele Wege, um sich in die Wegaufmerksamkeit, bzw. die Wegachtsamkeit, diese dem Leben gegenüber angemessene Haltung, einzuüben. Ja, es hat sich In Japan, ich denke unter Zen-Einfluss, eine Kultur von »Wegen« entwickelt, die allein schon von deren ästhetischer Qualität her die Menschen in anderen Weltgegenden interessieren müssten: die Teezeremonie, Ikebana, Kalligraphie, Origami, Bogenschießen, Schwertfechten, Aikido etc.

In China ist »Weg« das Grundwort, auf dem eine ganze Religion, der Taoismus oder auch Daoismus genannt, aufbaut. Um auszuschließen, dass der »Weg« zum System ideo-logisiert wird, mit anderen Worten: um das Tor zum wirk-lichen Leben offen zu halten, wird im Tao-Te-King sofort gesagt, dass das Zeichen »Weg« nicht nur das Zeichen für das sich ständig Verändernde, sondern dass es im Grunde eine »Nicht-Bezeichnung«[26] sei. Das Bezeichenbare sei die »Mut-ter der zehntausend Dinge«,[27] das Nicht-Bezeichenbare aber sei »der Ursprung von Himmel und Erde«.[28] Und beides zu-sammen in der Einheit sei die Tiefe, die noch tiefer als die tiefste Tiefe das »Tor zum Wunderbaren«[29] sei.

Die Tatsache, dass selbst im Versuch, das angemessene Zeichen für das Bezeichenbare zu finden, das bezeichnende Wort auch wieder zurückgenommen wird, verstehe ich so, dass – nicht anders als im Zen – zur Unmittelbarkeit des Er-lebens von Leben in jedem Schritt eingeladen wird, also dazu, »auf Schritt und Tritt« ganz eins zu werden mit dem »Weg«.

4. Jesus, die Brücke zwischen Judentum, Christentum und Islam

Sieht man all das Gesagte zusammen – es ließe sich aus den biblischen und außerbiblischen Quellen beliebig ergänzen –, wird sichtbar: Jesus verkörperte die unbedingte Liebe zum Leben in jedem Augenblick, was der Sinn der Tora ist. So ver-lebendigte Jesus die Tora. Darum gehört er ganz ins Juden-tum. Weil die unbedingte Liebe zum Leben in jedem Augen-blick aber das Höchste ist, was menschliches Leben ausmacht, wir aber ein Christentum haben und dies dann auch für das Christentum gilt, gehört Jesus zugleich auch ins Christentum.

Unabhängig davon, was das Christentum als eigene Reli-gion rechtfertigt, ist der historische Jesus ein Bindeglied zwischen den beiden Religionen Judentum und Christentum. Und darüber hinaus auch zum Islam hin. In diesem Zusammenhang sei erwähnt, dass es im Koran an einer Stelle über Jesus heißt: Er sei als Mensch ein »*Diener* Gottes«[30] gewesen.

Indem der historische Jesus mit »der Regel von der bedingungslosen Liebe« das in allen drei monotheistischen Religionen entscheidend Wichtige lebte und lehrte, erinnert er uns an das zuvor über den historischen Gautama Gesagte.

Ich frage nun aber nicht: Kann das sein? Wie kann das sein? Ich frage die Skeptiker und die Kritiker, die es immer geben wird, vielmehr: Was kann es dem Leben in der Welt Gemäßeres geben, als in jedem Augenblick und an jedem Ort und mit allen Konsequenzen, im Sinne der in allen Religionen und Weltanschauungen formulierten »Goldenen Regel« das Leben voll und ganz zu realisieren?

Genau darum geht es in den Religionen. Ob wir mit dem historischen Gautama von »Nirvana«, mit dem historischen Jesus von »Reich Gottes« oder mit dem Koran von Jesus als dem »Diener Gottes« oder mit Hegel von der »absoluten Idee« sprechen, bleibt sich gleich. Es geht um die absolute Bindung der Religion an das rein phänomenologische Wesen des Lebens, wie es Jesus, der Christus und Gautama, der Buddha vorgestellt, verkörpert und mit ihren Schülern, präziser: mit ihren Freunden gelebt haben.

Wenn Kritiker nun dennoch sagen: Christlicher Glaube ist aber mehr, dann frage ich kritisch zurück: Was ist das Mehr der Sühnetheologie, von der der historische Jesus nichts gewusst hat, der Trinitätstheologie, von der der historische Jesus nichts gewusst hat, des Glaubens an die Absolutheit der Gottessohnschaft Jesu, wie sich Jesus selber nie gesehen hat, der Erbsündenlehre. Wie hätte Jesus auf diese Idee kommen sollen? Wollen, ja vielmehr können diese Schwergewichte theologischer Konstruktionen denn mehr vermitteln als »Leben«, »Lebensfreude«, »Leben ohne Ende«? Anders herum gefragt: Vermitteln sie nicht dasselbe, leider in einer heute nicht mehr nachvollziehbaren, darum nicht mehr nachgefragten, aber immer noch grandios komplexen, über Jahrhunderte eingeübten und Menschen zugemuteten, dualen Sprech-, Denk-, und Glaubensweise, wie sie die traditionelle Christentums-Lehre darstellt?

Was verlieren wir, wenn wir diese urkirchlich-christlichen Großbegriffe aufgeben? Gewohntes, Liebgewordenes, Heimat. Gewiss. Aber auch Illusionen. Und wir verlieren Übergewichtiges, Kompliziertes und Komplexes. Wir verlieren damit aber auch: Dualität, Getrenntheit und Entfremdung. Und wir gewinnen: Leichteres, Einfacheres, Lebbares, Heimat und Identität, wie wir sie nicht kannten, solange wir in der Getrenntheit blieben. Wir gewinnen das Leben, das Leben überhaupt, das Leben neu, das glückliche, wahre, gute und erfüllende Leben.

5. Jeder Liebende ein »Christus«

Reden wir, wie herausgearbeitet, verantwortlich von dem Leben, das zu vermitteln der historische Jesus wie der historische Gautama da waren, dann ergibt sich daraus konsequent eine neue »Lehre« von »Christus«, eine neue »Christologie«. Christus ist dann nicht länger mehr der Hoheitstitel für den exklusiven Gottessohn, sondern er wird zum Hoheitstitel für jeden Menschen, der im Sinne Jesu die unbedingte Liebe lebt. Wer wie Jesus – zuletzt am Kreuz – ganz losgelassen hat, ist ein »Christos«, ein Gesalbter Gottes, ein Gottessohn, eine Gottestochter, ein Gotteskind, ein Menschenkind, an dem »Gott« »Wohlgefallen«[31] hat.

Das hier Gesagte macht endlich ernst mit der Tatsache, mit der die jahrzehntelange Jesusforschung begründet hat, dass Jesus, wenn er denn einen Hoheitstitel gebrauchte, äußerstenfalls den des »Menschensohns«[32] verwendete.

Sind wir endlich auf der Spur, in Jesus den urbildlichen, exemplarischen, göttlichen Menschen zu sehen, erschließen sich die neutestamentlichen Texte, wie aufgezeigt, vollkommen neu. Wir entdecken im Menschen Jesus den Bruder, an dessen Seite wir uns vorfinden, an dessen Tisch wir als »Zöllner und Sünder« eingeladen sind. Wir können mit ihm zusammensitzen, uns an ihm orientieren und müssen nicht länger einem gottmenschlichen Größenwesen hinterherlaufen, ohne dasselbe jemals, weder durch Gebet noch ethisch, erreichen zu können. Und Sätze, wie »der wird die Werke auch tun, die ich tue und er wird noch größere als diese tun«,[33] Jesus in den Mund gelegt oder von ihm gesprochen, sind endlich zu verstehen, weil wir nicht länger meinen müssen, wir müssten die Welterlösung noch besser hinkriegen als er. Wir dürfen uns vielmehr die Ermutigung zusprechen lassen, dass wir, wenn wir wahrhaft menschlich leben, nicht hinter Jesus zurückstehen, sondern ihn sogar übertreffen. Und statt immerzu nur denken zu müssen, dass wir die Sache mit der Nächstenliebe, der Feindesliebe gar, ein Leben nach der »Goldenen Regel« bei aller Anstrengung ohnehin nicht schafften, würden wir endlich damit beginnen, uns zuzutrauen, die Ethik der »Goldenen Regel« zu leben. Und es würde uns gelingen. Und wenn das vielen gelingt, würde sich ganz allmählich das Angesicht der Erde verändern. Das wäre Entwicklung der Zivilgesellschaft im besten Sinne und gerade so »Welterlösung«, wenn man das große Wort verwenden will. I have a dream: Viele kleine Leute werden von ihren Religionen darin unterstützt, in vielen kleinen Versuchen an der Veränderung der

Welt zum Guten wirklich teilzunehmen, ja dieselbe zu bewirken. Wäre es so, hätten wir Religionen, lebendige Religionen, deren Mitglieder für das Leben nur so »brennten«.

Ein solcher Gedanke, der einen als Gedanke schon den Atem anhalten lässt, der zuvörderst aber menschlich naheliegend ist, wäre nicht länger eine bloße Idee, würde auch nicht zur Ideologie gerinnen, über die wir uns weiter stritten, sondern würde dazu führen, dass wir ganz praktisch um das Gute der Realisierung wetteiferten, wie auch der Koran trefflich sagt: »Und hätte Gott gewollt, hätte Er euch gemacht zu einer Gemeinschaft, einer einzigen. Aber Er wollte euch in dem prüfen, was Er euch gegeben. So wetteifert um die guten Dinge! Zu Gott werdet ihr wieder zurückkehren, allesamt, und dann wird Er euch offenlegen, worüber ihr uneins wart.«[34]

Es ginge ein Wettstreit um, nicht länger im besitzanzeigenden Recht-Haben, sondern im seins-orientierten Recht-Tun. Im Recht-Tun so, dass das ganze Bemühen der Menschen darauf gerichtet wäre, selbstlos die unbedingte Liebe zu leben.

Wir würden »die Liebe, die »Gott« ist«,[35] leben und damit die »Gottesherrschaft«, wie sie im Zentrum der Botschaft und des Lebens Jesu stand, den Dharma, der im Zentrum des Handelns Gautamas stand, realisieren. Damit beträten wir den Weg zeitgemäßer, intuitiv wie rational ausgerichteter, zukunftsorientierter, moderner Mystik.

Als mein Lehrer im Fach Deutsch in der Oberstufe am Gymnasium hörte, dass ich Theologie studierte, hatte er den Wunsch, einmal mit mir »messerscharf über die Christologie zu diskutieren«. Dazu ist es seines Todes wegen leider nicht gekommen. Ich glaube aber, er wäre über meine Darstellung Buddhas wie des Christus erfreut gewesen. Wenngleich ich zugeben muss, dass ich mit ihm, dem geistesgeschichtlich gebildeten, philosophisch versierten Germanisten, der sich im

Oberstufenunterricht in Sachen Religion sehr zurückhielt,
gerne über die Gretchenfrage diskutiert hätte, konnte ich nun
im Gespräch mit anderen vieles theologisch klären. Im Blick
auf ihn bin ich mir sicher, dass er die Frage nach dem Christus längst geklärt hatte. Ich vermute, dass er sich, weil es ja
nicht so einfach war, sich gegen den kirchlich-theologischen
Mainstream zu behaupten, von theologischer Seite sehr gerne gerade auch von einem seiner Schüler Argumentationshil-
fe geholt hätte, um die Sache mit dem Christus-Attribut des
Jesus begründet anders zu sehen, als Theologie und Kirche
das klassisch immer vertraten. Er kannte Goethe jedenfalls so
gut, dass er vielleicht auch Goethe zur »Christologie« kannte:

> »Jesus fühlte rein und dachte
> Nur den einen Gott im Stillen;
> Wer ihn selbst zum Gotte machte,
> Kränkte seinen heil'gen Willen.«[36]

Aus seiner im Unterricht immer wieder mal geäußerten Fas-
zination für die »Unio mystica« schlussfolgere ich, dass es
möglich gewesen wäre, mit ihm diskutierend in tiefere Seins-
gründe einzudringen, als schlichter Offenbarungsglaube das
je zulassen würde und leisten könnte. Schade. Vielleicht freut
er sich ja jetzt über den nun freilich ihm nachgetragenen Versuch seines Schülers zu »Buddha«, »Christus« und zur wahren Religion?

6. Mystik bei Paulus und bei Luther

Definieren wir Mystik mit Albert Schweitzer wie folgt: »Mystik liegt überall da vor, wo ein Menschenwesen die Trennung

zwischen irdisch und überirdisch, zeitlich und ewig als über-
wunden ansieht und sich selber, noch in dem Irdischen und
Zeitlichen stehen, als zum Überirdischen und Ewigen einge-
gangen erlebt.«[37] Oder kürzer: als Leben im Augenblick, finden wir Mystik über den historischen Jesus hinaus bei dem
ersten, für das Christentum wichtigsten Theologen Paulus,
wie bei dem Reformator Martin Luther. Beide lassen sich in
ihrem Jesusverständnis heute besser verstehen, als sie Jesus
aus ihrer Zeit heraus verstehen konnten. So finden wir bei
Paulus wie bei Luther tiefe mystische Erfahrungen und Erkenntnisse.

Paulus

Zentrum der paulinischen Theologie ist der Gedanke der
durch den Opfertod Jesu stellvertretend geschehenen Erlösung durch Jesus Christus. Dieser Gedanke, mit dem sich
Paulus nachvollziehbar an seiner jüdischen Vergangenheit
abarbeitete, hat leider den Mainstream der kirchlichen Lehr-
überlieferung gebildet. Schaut man jedoch unter dem Gesichtspunkt von Mystik bei Paulus genauer hin, lässt sich
ein erweitertes Spektrum seiner Theologie ausmachen. Vom
»Einswerden mit Gott« im Sinne der Unio mystica ist bei
Paulus expressis verbis zwar nicht die Rede, fragt man allerdings nach, wie Erlösung durch Jesus Christus bei ihm gedacht wird, erfährt man, dass man mit Christus sterben und
auferstehen müsse.[38] Das nun aber bedeutet: »Einswerden
mit Christus«, gedankliche Christusmystik. Allerdings hat
der Apostel diesen Gedanken dann nicht auf Gott hin wei-
tergedacht, wie das der Schreiber des Johannesevangeliums
tut. Sind nämlich Jesus und Gott eins, wie Johannes Jesus sagen lässt,[39] können wir das »mit Christus sterben und aufer-

stehen« übertragen und reden vom »in Gott hinein sterben
und auferstehen«, im Sinne also einer Unio mystica in Bezug auf Gott.

Dass Menschen noch anders als durch Christus, durch die
Natur[40] und die Intuition[41] vermittelt, in die Einheit mit Gott
kommen, auch der Gedanke findet sich bei Paulus. Zieht
man weiter einen Text wie 1.Kor.13,12 hinzu, in welchem er
gegenüber Glaube und Hoffnung eindeutig die Liebe priori-
siert,[42] bestätigt sich unsere Sicht: Das Höchste neben dem
Glauben an … und dem Hoffen auf … ist die »Liebe«. Im Zusammenhang dieser Großbegriffe seiner Theologie verzichtet Paulus sogar auf den Begriff »Gott«. Dürfen wir das nicht
als sprachliche Andeutung dessen verstehen, dass es auch
Paulus im Zentrum seiner Theologie nicht um einen Begriff,
sondern um das Leben geht, welches aus der Einheit mit Gott
gelebt wird? Deutet der Begriff »Liebe« sowohl sprachlich als
auch inhaltlich nicht auf dasselbe hin wie die buddhistische
Rede davon, dass der Zeigefinger, der auf den Mond zeigt,
nicht der Mond ist? Ist nicht das, worum es im Kern aller
ernsthaften Religionen geht, ein und dasselbe, nämlich nicht
der begriffene Begriff von …, sondern die gelebte Sache der
»Liebe«?

Umgekehrt gesagt. Wie sollte Paulus als Kern der Religion
die unbedingte Liebe, in der kein Ego mehr existiert, darum
das Wesen der Wirklichkeit im Menschen anwesend ist, nicht
begriffen haben? Paulus war nicht nur der Erlösungstheore-
tiker, welcher nach Albert Schweitzer christentumsgeschichtlich »verhängnisvoll wirkte«,[43] indem er das Evangelium Jesu
mit seinen weltverändernden Impulsen nicht »fortgesetzt«,
sondern durch die Erlösungslehre »ersetzt« habe. Die pauli-
nische Frömmigkeit sei in ihrem Grundwesen dennoch Mystik gewesen.

Martin Luther

Wie bei Paulus, so hat sich auch bei Martin Luther, geboren 1483, mystische Spiritualität eingeschlichen. Ist Luther mit seiner Rechtfertigungs- und Erlösungstheologie auch weit davon entfernt, ein Mystiker etwa von der Qualität Meister Eckharts genannt zu werden, so hatte mystische Spiritualität schon früh auf ihn Einfluss genommen. Nicht nur, dass er in seiner Magdeburger Schulzeit, 1497–1498, den »Brüdern vom gemeinsamen Leben« und damit der »Devotio moderna« (neue Frömmigkeit) begegnete, hatte er auch Thomas a Kempis mit dessen Gedanken von der »conformitas crucis« (Christus gleichförmig werden) kennengelernt. Gerhard Wehr[44] vermag an frühen Lutherzitaten nachzuweisen, dass Martin Luther schon als Ordensmann mystische Texte wie die »Deutschen Theologie«, Mystiker wie Bernhard von Clairvaux, Bonaventura und den Eckhartschüler Tauler aufgenommen hat. Über Johannes Tauler etwa schrieb er: »Ich habe in ihm (Tauler) mehr von wahrer Theologie gefunden als in allen Doktoren aller Universitäten zusammen genommen.«[45] So wundert es nicht, dass wir auch bei dem späteren Reformator Martin Luther in seinen zahlreichen Veröffentlichungen, in denen es um die »extra nos« (außerhalb von uns) geschehene Erlösungstat Christi geht, Sätze finden, in welchen der Reformator, im Widerspruch dazu, in den reinsten und hellsten mystischen Tönen die Wichtigkeit der »praxis pietatis«, mit anderen Worten: neben der rechten »Erkenntnis und Lehre« den »Weg« der Frömmigkeit betont. So etwa:

»Das Leben ist nicht ein Frommsein, sondern ein Frommwerden, nicht eine Gesundheit, sondern ein Gesundwerden, nicht ein Sein, sondern ein Werden, nicht eine Ruhe, sondern eine Übung. Wir sind noch nicht, wir werden's aber. Es ist noch nicht getan oder geschehen, es ist aber im Gang und im Schwang. Es ist nicht das Ende, es ist aber der *Weg* (von mir hervorgehoben).«[46]

Dass Martin Luther ähnlich wie Paulus auf den »Weg«-Charakter des Glaubens Wert legt, zeigen zwei weitere Zitate: »Vivendo et moriendo et damnando fit theologus, non intelligendo, legendo, aut speculando«, »durch Leben, Sterben und Gerichtetwerden wird der Theologe zum Theologen, nicht durch Erkenntnis, Lektüre und spekulatives Denken«.[47]

»Wer glaubt, muss allen Dingen gestorben sein, dem Guten und dem Bösen, dem Tod und dem Leben, der Höll und dem Himmel und von Herzen bekennen, daß er aus eigenen Kräften nichts vermag. Er sieht nichts, sondern ist der finstere Weg. Er muß von dem ungewissen Ufer dieses Lebens hinüberspringen in den Abgrund, da kein Fühlen, noch Sehen, noch Fußen, noch Stützen ist.«[48]

Auch wenn man im Mainstream der Theologie, in Übernahme der Theologie des Paulus und Luthers, beibehält, Lehre zu vermitteln, so sehen wir heute, geschärft durch den Blick der Mystik in Ost und West, dass wir näher beim historischen Jesus stehen, wenn wir uns aufmachen, den Übungsweg des mit Christus Sterbens und Auferstehens anzutreten. Freilich bleibt bestehen, was Martin Luther in Frontstellung gegen die katholische Werkgerechtigkeit als »sola gratia« (allein durch Gnade) hervorgehoben hat. Ein neues Licht gar fällt auf Luthers »simul iustus et peccator« (zugleich gerecht und Sünder). Wir können dies nun aber neu verstehen. Es geht nach Paulus wie nach Luther, nach Zen wie überhaupt nach religiöser bzw. menschlicher Erkenntnis um ein und dieselbe Lebensaufgabe, darum nämlich, christlich gesprochen: die Gotteskinder zu werden, die wir sind; in der Sprache des Zen gesprochen: als Erleuchtete die Erleuchtung zu leben; philosophisch gesprochen: zu werden, was wir sind.

Kooperation von Konservativen, Progressiven und Atheisten

Ich frage an dieser Stelle: Könnten an diesem zentralen Punkt, an dem es um die Praxis gelebter Erlöstheit geht, sich nicht Menschen, die sich aufgrund unterschiedlicher religiöser Meinungen aus dem Weg gehen, auf wundersame Weise zusammenfinden, sogar zusammen arbeiten? Menschen, die meinen, am extra nos, der externen Erlösung, festhalten zu müssen, wie solche, die Erlösung ausschließlich als die Freiheit zur Einübung in den Weg verstehen, wie ihn der historische Gautama und der historische Jesus verkündet und vorgelebt haben, wie solche, die auf ihre je eigene Weise – und sei sie gegen die Tradition gerichtet – zu werden versuchen, was sie sind: Erleuchtete? Was anders sollte denn die Aufgabe des Lebens sein, als das Leben zu leben, in dem wir schon unterwegs sind? Und für wen anders sollte das gelten, wenn nicht für die Lebewesen aller Art?

7. Von »Gott« neu reden

Nachdem wir über den historischen Jesus als urbildlichen, einzigartigen Menschen, damit aber über unseren Auftrag zu einzigartigem Menschsein (»Christussein«) an seiner Seite gesprochen haben, stellt sich nun die Frage nach »Gott«.

Wer oder was ist »Gott«? Von wem oder von was reden wir, wenn wir »Gott« sagen? Was ist unser Bild? Welche Wirklichkeit sprechen wir mit dem Wort bzw. Bild »Gott« aus?

Aus der dualen Wirklichkeit heraus gesprochen, in die wir als Sechs-Sinne-Wesen hineingestellt sind, kann »Gott« nichts anderes sein als das Gegenüber zum Menschen; mit Martin Buber[49] gesprochen: das Du im Gegenüber zum Ich.

Im Allgemeinen spricht man mit »Gott« als dem Gegenüber die größte, unfassbare Größe an, die es für Menschen gibt. Die Philosophie redet entsprechend als von dem, »worüber hinaus nichts größeres gedacht werden kann«. Im christlichen Credo bekennen wir uns zum »Allmächtigen«. Der Atheismus bestreitet jegliche Existenz eines höheren Wesens.

Ob wir nun, den Superlativ bemühend, vom »höchsten Wesen« sprechen, oder mit Jesus »Gott« als »Abba« oder »Himmlischer Vater« heranzoomen, macht darin keinen Unterschied, dass »Gott« in jedem Fall »weit weg«, ja »draußen« bleibt. Selbst wenn wir mit Paul Tillich von dem reden, »was uns unbedingt angeht«,[50] bleibt uns das Uns-Angehende fern und fremd. Obwohl man »Gott« als etwas Vertrauenswürdiges, ganz Nahes haben möchte, ist er doch nicht in die Nähe zu bringen.

Und so bleibt das im Gewand ausgesprochener Bestimmtheit Daherkommende doch das unschärfste und unbestimmteste Etwas, von dem wir einerseits nicht loskommen, welches wir andererseits nicht wirklich erreichen können. Es bleibt die mit dem Wort »Gott« bezeichnete Wirklichkeit, ja muss aufgrund der dualen Struktur, in der wir sinnlich und denkerisch beheimatet sind, diese bleiben. Und so denken wir in der Theologie wie in der Philosophie »Gott« weiter als Gegenüber, sei er etwas oder nichts, sprechen ihn im Gebet als Gegenüber an, das wir »schmecken«[51] vielleicht, auf keinen Fall aber sehen, somit bestenfalls »umkreisen« können. Und so kreisen wir

»um Gott, um den uralten Turm,
und ich kreise jahrtausendelang,
und ich weiß noch nicht: bin ich ein Falke, ein Sturm
oder ein großer Gesang«.[52]

Damit mag man zufrieden sein. Muss man ja wohl, solange
man nichts Besseres kennt. Und so sind die Vertreter der Religionen seit Jahrtausenden damit beschäftigt, die Menschen
anzuleiten, sich im Umkreisen »Gottes« ihren Aufenthalt
einzurichten und in diesem abwartend zu verharren. Und bis
hin zu Hegel hören wir:

»Gott will nicht engherzige Gemüter und leere Köpfe zu
seinen Kindern, sondern solche, deren Geist von sich selbst
arm, aber reich an Erkenntnis seiner ist und die in diese Erkenntnis Gottes allein allen Wert setzen.«[53]

Sehen wir uns nun aber die Art und Weise an, wie sich
»Gott« im Alten Testament selbst vorstellt, kommen wir in
unserer Frage des »Gott«-neu-Denkens und von »Gott«-neu-
Redens, wie ich meine, einen Schritt weiter.

»Gott« stellt sich an der zentralen Stelle Exodus 3,14 aus
dem brennenden Busch heraus Mose gegenüber mit den
Worten vor: »Ich bin, der ich bin.«

Wie sollen wir an der Seite des Mose diese Selbstvorstellung »Gottes« aufnehmen, wie auf sie angemessen reagieren?

- mit Mose die Schuhe ausziehen
- still werden und den Satz wirken lassen
- schweigen und staunen

Es ist in der Tat »heiliges Land«, das wir hier mit Mose betreten, denn indem »Gott« nach der Gottesrede des Textes an
das »Ich bin« tautologisch mit »der ich bin« anschließt, sagt.

»er« sich selbst als das pure, bildfreie Sein aus. Für Mose, für die Israeliten damals wie für uns heute die Aufforderung, alle Vorstellungen loszulassen und in »Gott« das Sein zu sehen, wie es ist. Sicherlich war es für Mose die Frage gewesen: Wie nun mit dieser Gotteserfahrung vom Berg herunterzugehen zum Volk? Die Mystikerinnen und Mystiker hatten nicht selten das Problem: Wie das tremendum und fascinosum der Gotteserfahrung zu vermitteln?

Es wird erzählt, dass das Volk, weil es die führerlose und offenbar auch gottlose Zeit nicht gut aushielt, sich mit einem Goldenen Kalb einen Ersatzgott schaffte. Wen wundert es, dass Mose mit seiner nicht leicht zu vermittelnden Seinserfahrung den von seinem Volk ins Bild gesetzten Ersatzgott im Zorn zerstörte? Offenbar hatte das Volk die Abwesenheit von Führung so wenig als Chance nutzen können, sich zu emanzipieren, erwachsen zu werden, so wenig Mose es vermochte, seine Seinserfahrung angemessen zu vermitteln.

Die Selbstvorstellung »Gottes« nach Exodus 3 entspricht ganz dem, was einige Kapitel weiter, in Exodus 20, als zweites Gebot, folgendermaßen zu lesen ist. Wiederum im Zusammenhang von Vorstellung sagt der sich Vorstellende:

»Du sollst dir kein Bild noch irgendein Gleichnis machen, weder von dem was oben im Himmel, noch von dem, was unten auf Erden, noch von dem, was im Wasser unter der Erde ist.«[54]

Indem von »Gott« selbst das Sich-ein-Bild-von-ihm-Machen verboten wird, wird der Mensch von höchster Stelle autorisiert, sich aus seinem sich um »Gott« Bemühen entlassen. Nehmen wir das ernst, können wir »Gott« getrost »Gott« sein lassen, brauchen wir uns um »ihn« nicht mehr, schon gar nicht länger mit Gedanken und Bildern zu kümmern, die »ihn« in einem irgendwie vorgestellten Außen festmachen.

Ich frage: Ist an den beiden Zentralstellen des Alten Testamentes, an denen durchaus zum Gottesglauben eingeladen wird, für den Menschen und sein religiöses Bemühen nicht eine Freiheit impliziert, die nicht nur aufhorchen lässt, sondern dazu befreit, »den Weg zu gehen«, »das Leben zu leben«? Ein Fingerzeig, für den Weg zum Leben, zur Wirklichkeit, wie ihn die Mystik zu gehen versucht, genauer gesagt: wie ihn die göttliche Wirklichkeit selbstwirksam mit uns geht?

8. Beten – eine Haltung

Welche Auswirkungen hat es auf die Praxis unseres Betens, wenn wir in Jesus den urbildlichen, exemplarischen, göttlichen Menschen sehen und »Gott« für uns künftig kein Gegenüber mehr, sondern das Geschehen der Wirklichkeit selbst ist?

Beten ist, wie wir gelehrt worden sind, ein »Reden«. Johannes Brenz, Württembergischer Reformator, hat definiert: »Beten ist Reden des Herzens mit Gott in Bitte und Fürbitte, in Dank und Anbetung.«[55] Ist nun »Gott« die Wirklichkeit, wie sie wirkt, können wir diese weiter, wie gewohnt »in Bitte und Fürbitte, in Dank und Anbetung« ansprechen. Beten ist auf einer tieferen Ebene nun allerdings ein »Hören«. Keiner hat das eindrücklicher und schöner formuliert als der dänische Philosoph und Christ Søren Kierkegaard. Er sagt:

»Als mein Gebet immer andächtiger und innerlicher wurde, da hatte ich immer weniger und weniger zu sagen. Zuletzt wurde ich ganz still. Ich wurde, was womöglich ein größerer Gegensatz zum Reden ist, ich wurde ein Hörer. Ich meinte erst, Beten sei Reden. Ich lernte aber, dass Beten nicht nur

Schweigen ist, sondern Hören. So ist es: Beten heißt nicht, sich selber reden hören, beten heißt, still werden und still sein und warten, bis der Betende Gott hört.«[56]

Beten ist drittens Ausdruck einer »Haltung«, die man im Leben einnimmt.

Beten ist Reden

Im Rahmen der gottesdienstlichen Liturgie oder im häuslichen Kontext auszudrücken, was wir an »Bitte und Fürbitte, Dank und Anbetung« auf dem Herzen haben, ist die Tradition, die wir mitbringen. Die Mehrzahl der Menschen, auch viele Christen praktizieren Gebet so nicht mehr. Für sie ist diese Tradition nicht mehr bedeutsam. Man kann das beklagen oder nach dem Grund fragen. Meine Hypothese ist, dass dies mit dem Gottesbild zusammenhängt, welches sich, mögen es viele sich fromm dünkende Menschen sehen wollen oder nicht, eben doch langsam ändert.

Dass die Form des »Hörens« bzw. die »Schweigeform des Gebets« die unserem Versuch, »Gott« als selbstwirkende Wirklichkeit zu sehen, gegenüber angemessene Form ist, versteht sich von unserem Versuch her von selbst. Was wir mit dieser Form verlieren oder gewinnen, können wir besser beurteilen, wenn wir das zu Recht Jesus in den Mund gelegte Mustergebet, das »Vaterunser«,[57] einmal genauer angeschaut haben.

»Vater unser im Himmel«: Mit dem Ausdruck »Vater« wird ein Bild verwendet, das Urvertrauen artikuliert. Und wenn der Betende »unser« sagt, geht er sofort von sich weg hin zu den Mitmenschen. Die horizontale Welt wird überschritten, wenn der Betende »Himmel« sagt. Spricht nicht die Anrede dieses Gebets sogleich das Ganze an, dessen Teil wir sind? Sagt damit nicht der ausdrücklich Betende, was der Mystiker aus seinem Einssein mit Gott verbal unausgedrückt lässt, aber als Erfahrung lebt und als Haltung verkörpert?

»Geheiligt werde dein Name«: Hier geht der Blick vom Betenden und seiner Welt weg, hin zum ganz Anderen. »Name« steht als Bild für eine Existenz, die nicht fixiert, aber konstatiert, respektiert und wertgeschätzt wird. Mehr noch: Ich und du werden eins im Vorgang der wirklich andächtigen Achtung und Wertschätzung. Was hindert uns daran, zu sehen, dass der Betende hier die Dualität überwindet und dem großen Ganzen wertschätzend zu begegnen versucht?

»Dein Reich komme«: Umgekehrt wird in dieser Bitte nun die Bewegung vom ganz Anderen hin zur Welt gesucht. Es wird einem Geschehen vertraut, das außerhalb von uns da ist, auf uns zukommt und uns zu Empfangenden macht. Wie könnte man dieser Gabe besser entsprechen als durch das Öffnen der Hände? Also findet auch in dieser zweiten Bitte etwas statt wie das Sich-Einstellen auf die Einwirkung des ganz Anderen.

»Dein Wille geschehe im Himmel wie auf Erden«: Sein Wille ist unser Leben. Will man dies noch qualifizieren, ist es nach Micha 6,8 das Leben in der Realisierung von Liebe und Gerechtigkeit. Geschieht sein Wille, findet Leben statt. Entscheidender Akzent ist hier nicht, was wir machen, sondern was er tut. Wir müssen nur geschehen lassen. Damit aber enthält diese dritte Bitte neben dem Hinweis darauf, dass das Entscheidende von außen geschieht, indirekt die Aufforderung an uns, so rein, frei und leer von uns selbst zu werden, dass die Einwirkung auch voll und ganz und erfüllend geschehen kann.

»Unser tägliches Brot gib uns heute«: »Brot« steht für das, was wir elementar zum Leben brauchen. Das Augenmerk ist auf die Zeiteinheit »heutiger Tag« gerichtet. Besteht der Tag aus Stunden, Minuten, Sekunden, so besteht er letztlich aus Momenten. Was hindert uns daran, diese Bitte als Bitte um das Notwendige in jedem Augenblick zu verstehen? Weil dies aber schon da ist, wäre sie die Bitte um Aufmerksamkeit für das Vorhandene, um Achtsamkeit in jedem Augenblick.

»Und vergib uns unsere Schuld, wie auch wir vergeben unseren Schuldigern«: Der Vorgang der Vergebung ist ein Vorgang der Befreiung von Fehlern, die wir machen. Fehler entstehen dadurch, dass wir nicht in jedem Moment ganz in der Einheit mit uns, mit »Gott« und der Welt leben. Uns zu sagen, dass uns dies verziehen ist, ist auch der Sinn des gesamten Sühne-und Opferkonzeptes der Erlösungstheologie. Treten wir die Befreiung nicht an, erleben wir sie als Erlassenserfahrung und Verzeihensbereitschaft nicht in jedem Atemzug, in dem wir in der nicht gegenständlichen Meditation da sitzen. Jedenfalls trägt wirkliche Seinserfahrung, kontinuierliche Präsenz im Präsens, keinem Menschen etwas nach. Wer wirklich und ausschließlich in der Gegenwart lebt, für den ist Vergangenheit vergangen. Damit hat er verziehen.

»Und führe uns nicht in Versuchung, sondern erlöse uns von dem Bösen«: Worin bestehen die Versuchungen? Woher kommt das Böse? – Vielleicht kommt das alles von da her, dass wir, weil wir zu wenig *sind*, zu viel meinen *haben* zu müssen? Womit wir wiederum bei der Notwendigkeit unserer Seinsübung wären.

»Denn dein ist das Reich und die Kraft und die Herrlichkeit in Ewigkeit. Amen«: Die Schlussakklamation führt zum Ausgangspunkt zurück, indem sie wie in einem sich aufschwingenden Fortissimo spiralförmig die ganzheitliche Sicht des Lebens auf das immerwährende Seiende hin noch einmal und neu öffnet.

Was anders macht das Vaterunser, als dass es uns auf seine liturgisch gesprochene, zu liturgischem Sprechen einladende Weise – ein wenig anders als das Herzensbebet und der Rosenkranz, der tanzende Derwisch und der meditierende Mönch – hinlenkt auf das Sich-Selbst-Vergessen, damit wir den Alltag leben können, nicht wie wir ihn haben wollen, wohl aber, wie er sich uns darbietet?

Beten ist Schweigen

Die andere, Kierkegaard sagt »andächtigere und innerlichere« Form des Betens ist das Stillsein, das Schweigen. Was immer er damit meinte, es ist jedenfalls nicht ein Reden. Ob das Stillsein das Hören auf die eigenen Gedanken oder Gedankenstille oder ein Hören auf die externe Gottesrede beinhaltet, wie immer dieselbe auch von der Menschenstimme zu unterscheiden wäre, wird bei Kierkegaard nicht klar. Klar wird hingegen die Veränderung in der Tendenz: Beten ist nicht länger ein Geschehen, das aktiv vom Menschen ausgeht, sondern ist ein Geschehen-lassen, bei dem der Mensch die passive Rolle übernimmt. Es deutet sich darin eine Änderung in der Haltung an. Die Art von Beten, von der Kierkegaard spricht, baut damit sozusagen der meditativen Übung vor, in der der Übende sich aktiv lediglich in Position bringt, die Position einfachen stillen Sitzens, während er zugleich die Haltung des Empfangenden einnimmt, der er wesentlich immer schon ist, nun es aber wahrzunehmen beginnt.

Beten – eine Haltung

Was Kierkegaard mit Stillsein anspricht, mag man noch als eine Gebetshandlung verstehen. Wie aber soll man biblische

Texte verstehen, die zum Beten »ohne Unterlass« auffordern,
so etwa Paulus in 1. Thessalonicher 5,17, wenn damit nicht
ein Aneinanderreihen von Gebetshandlungen im Sinne von
»ein Gebetsleben führen« gemeint sein soll, das auf andere Le-
bensäußerungen verzichtet? – Von der meditativen Übungspraxis her wird durchaus verstehbar, was Gebet als Haltung
auch im christlichen Sinne meinen könnte, nämlich: Leben,
das nicht ausschließlich aktiv aus Machen besteht, sondern
in einer Haltung der Empfänglichkeit (Passibilität) geführt
wird. Leben, das nicht das unruhige Ego gestaltet, Leben vielmehr, das seine Gestaltungskraft aus der göttlichen Lebensre-
gung, dem tiefen Selbst heraus gewinnt. Leben, das sich weder
im Gemache aufzehrt noch sich im dolce far niente verliert.
Leben, das die Balance herzustellen vermag zwischen Nicht-
tun und Tun, Entspannung und Anspannung, Sonntag und
Werktag, Freizeit und Arbeit, Ruhe und Bewegung und einfach das rechte menschliche Maß findet, weil es aus dem tiefen Grund seiner selbst heraus gelebt wird und nicht, um dem
eigenen oder fremden Egos zu gefallen.

Beten, so verstanden, meint nicht eine bestimmte Hand-
lung im Leben, sondern ist eine Haltung. Es ist vielmehr *die*
Haltung recht gelebten Lebens selbst.

9. Eine etwas andere Trias statt Trinität

Schaut man heute mit der Frage nach »Gott« theologisch in
die Geschichte des Christentums zurück, kann man sich nur
wundern, zu welch komplizierten Lehrentwicklungen, Ausei-
nandersetzungen, Streitereien, Rechthabereien bis zu Schis-
men die Suche nach einem angemessenen Ausdruck dessen,
was christlich unter »Gott« zu verstehen ist, geführt hat. Weil

in den Neutestamentlichen Schriften, namentlich in denen des Apostels Paulus, vom Opfertod des Gottessohns die Rede ist, sah sich die Frühe Kirche herausgefordert, »Gott« als Vater und Sohn, als Doppelspitze sozusagen, zu formulieren. Daraus wiederum ergab sich sofort das Problem: Ist der Sohn dem Vater unterstellt oder ist er ihm gleichgestellt? Und: Ist er dem Vater wesensgleich oder ist er ihm nur wesensähnlich? Das Konzil von Nicäa entschied 325 die Wesensgleichheit der Doppelspitze.

Weiter stand man theologisch vor der Notwendigkeit, den göttlichen Geist als eigene, in diesem Fall dritte Person der Gottheit auszusagen. Im Konzil von Chalzedon 451 wird »Gott« als dreifaltiger, Trinität als Dogma, formuliert.

Weil nun aber offen geblieben war, ob der Geist der Geist des Sohnes oder der Geist des Vaters ist, klärte man am selben Ort 589 den sogenannten Filioque-Streit so, dass man festlegte: Der Geist ist zugleich der Geist des Vaters und des Sohnes.

Im großen morgenländischen Schisma schließlich, 1054, kam es in Konstantinopel durch die Unterscheidung von »wesensgleich« und »wesensähnlich« zur Spaltung. Es gab hinfort neben der Römisch-Katholischen Kirche die Oströmisch-Orthodoxe Kirche.

Machen wir den Sprung zur kirchlichen Reformation durch Martin Luther, so kam es durch dessen Kritik an der Römischen Kirche und durch seine Verbesserungsvorschläge zu einer weiteren Spaltung. Luthers Protest führte zur Protestantischen, später zur Evangelischen Kirche, sodass wir bis heute drei christliche Konfessionen haben: die Römisch-Katholische Kirche, die Oströmisch-Orthodoxe Kirche und die Evangelische Kirche.

Richtet man nun den Blick unter dem Gesichtspunkt, dass »Gott« die eine, einzige Wirklichkeit ist, auf die gesamte ge-

sellschaftliche Entwicklung der zweitausendjährigen Christen-
tumszeit, könnte man auf die Idee kommen, den Weg zu der
einen, einzigen Wirklichkeit mit dem japanischen Meister und
Gelehrten G.W. Nishijima,[58] trinitätstheologisch abgerüstet,
wirklichkeitsnahe wie folgt zu beschreiben: Nishijima spricht,
den Westen geistesgeschichtlich streng im Visier und konfes-
sionell quasi fusioniert, christentumsgeschichtlich von einer
Anfangszeit, in der, der menschlichen Individualgeschich-
te vergleichbar, die Ideen, paradiesischen Gedanken, Träume, Ideale als das Wirkliche im Zentrum standen. Mit der Zeit
des Idealismus meint er die platonisch-aristotelisch bestimmte
Geistzeit, in der Gott und Mensch, in einer definierten Weltordnung, geregelt und friedlich vereint den Weg gehen.

Diese, die geistige Gottvater-Traumzeit stieß dann auf die
Tatsachenwelt, auf die Substanzen, auf Naturwissenschaften
und Technik, auf Körperlichkeit. Die Antwort auf den Idealismus sei dann der Materialismus geworden, die materiell,
auch marxistisch ausgerichtete Tatsachenwelt, heute die Ge-
nusswelt. In analoger Allegorie wäre hier von der Sohnzeit
zu sprechen.

Im Dialog mit dem Osten, so seine Hoffnung, könnte nun
aus Idee und Substanz, aus Geist und Körper, aus Wunsch-
traum und Realität etwas Neues geboren werden. Dieses Neue
müsste etwas sein, in dem die Dualität, Einseitigkeit und die
Entfremdung aufgehoben wären. Und die Aufhebung würde geschehen einzig durch Handeln im Hier und Jetzt. Das
wäre die Geistzeit, die Zeit der Mystik, die zukünftige Zeit,
die Jetztzeit, in der sich die Gegensätze von Vater und Sohn,
Geist und Materie zu Gunsten der sich selbst verwirklichen-
den Wirklichkeit aufzuheben beginnen.

Mag Nishijimas Sicht auf die abendländische Geistesge-
schichte den genauer Wissenden gewiss als sehr vergröbert

vorkommen, kann man doch nicht bestreiten, dass mit dem Blick des Japanischen Meisters, aus großem Abstand, sehr deutlich gesehen wird, was wir gerade durch die Forschungen der Kognitions- und Neurowissenschaft zu erkennen beginnen: Dass die Polarität von Idee und Materie, von Geist und Körper zur angemessenen Abbildung der Wirklichkeit nicht länger taugt, wir also im Verstehen und Realisieren des Lebens neue Wege betreten *müssen*, ja im Grunde schon betreten haben. Wie wir kirchlich-theologisch nicht bei Luther stehen bleiben dürfen, so geistesgeschichtlich, naturwissenschaftlich-technisch nicht bei Newton und der Aufklärung. Es scheint, als stünde nun tatsächlich die »Reformation des Lebens« an. Mir scheint, dass diese dadurch geschieht, dass Denken und Handeln in ein neues Verhältnis treten. Das Denken wird nicht länger dominieren. Und das Handeln wird nicht länger ein Schattendasein führen. Vielmehr werden beide in eine Balance treten, durch die das dem Leben der Menschen und seiner natürlichen Umwelt Dienende, Ethik also, auf eine ganz neue, nicht vorherzusehende Weise gefördert werden wird.

10. »Die drei großen Kränkungen«

Sigmund Freud, im Jahre 1917 einen etwas anderen, sehr kritischen Blick auf die Geschichte des christlichen Abendlandes werfend, fordert durch seinen Hinweis auf »drei große Kränkungen«[59] auf seine Weise Theologie und Kirche heraus, die Frage nach »Gott«, Welt und dem Sinn menschlichen Lebens neu zu beantworten.

Freuds erste Anfrage ergibt sich aus der Erkenntnis: Die Erde ist kosmologisch nicht mehr der Mittelpunkt der Welt,

sondern ein fast zu vernachlässigendes Stäubchen irgendwo am Rande des Universums. Hatte man sich bis zu Koper-
nikus (1473–1543), Galilei (1564–1642) und Kepler (1571–
1630) auf der Erde als der Mitte der Welt noch beheimatet
fühlen können, so sei das seither nicht mehr möglich. Heute wüssten wir, dass unsere Erde ein winziges Teilchen eines
in seiner Größe unfassbaren Weltsystems sei. In der Tat: Unsere Erde dreht sich um die Sonne. Unsere Sonne wiederum
ist nur eine einzige unter Milliarden Sonnen unserer Galaxis.
Galaxien wiederum gibt es 100 bis 200 Milliarden – dachte
man bisher. Nach neuesten Beobachtungen mit dem Hubb-
le-Weltraumteleskop weiß man inzwischen, dass es Billionen
sind. Nicht genug damit. Dieselben entfernen sich seit dem
Urknall vor 13,82 Milliarden Jahren mit zunehmender Ge-
schwindigkeit kontinuierlich voneinander weg. Keine Frage,
dass solche Dimensionen das, was wir heute wissen können,
unser Vorstellungsvermögen weit übersteigen. – Wie gehen
wir damit um?

Die zweite kritische Anfrage resultiert aus der Erkenntnis: Der Mensch ist nicht die »Krone der Schöpfung«, sondern ein Glied in der Kette einer Jahrmillionen währenden
Evolution. Der fast zu vernachlässigenden Stäubchenhaftigkeit der Erde im riesigen Universum korrespondiert also, wie
man seit Darwin und Wallace wissen kann, die fast zu ver-
nachlässigende Stäubchenhaftigkeit des Menschen mit seiner
Abstammung aus dem Tierreich. Nimmt man weiter hinzu,
was Jacques Monod, der französische Molekularbiologe und
Nobelpreisträger 1970 formulierte, dass der Mensch in der
Evolution »weder eine Ausnahme, noch ein Ziel, sondern
wie alle andern Lebewesen das Produkt von Zufällen«[60] sei,
muss dann das »wurzelwinzige Nichtslein Mensch«[61] aus seiner jahrtausendealten Eigenliebe und seinem Größenwahn

nicht endgültig erwachen? Was aber könnte er Tieferes entdecken, als dass er ein »Zigeuner« am Rande des Universums
ist, »taub für seine Musik und gleichgültig gegen seine Hoffnungen, Leiden und Verbrechen«?[62]

Die dritte Anfrage schließlich, so Freud, resultiere aus der
Tatsache, dass dem Ich des Menschen heute nachgewiesen
werde, es sei »nicht einmal Herr im eigenen Hause«, sondern
bleibe auf kärgliche Nachrichten angewiesen von dem, was
in seinem Seelenleben vorgehe. Diese, nach Freud, empfind-
lichste Kränkung der naiven Eigenliebe wurde von C. G. Jung
u. a. in der Erforschung des Unbewussten weiter differenziert
und bestätigt. Neueste Forschungen, etwa die des portugie-
sischen Hirnforschers und Bestsellerautors Antonio Damasio,[63] weisen nach, dass der menschlichen Ratio hinter den
Emotionen und Körperwahrnehmungen nur mehr noch ein
drittrangiger Platz zukomme.

Eigentlich reichen die genannten Erkenntnisse bzw. Anfragen nicht, um eine Schockstarre bei uns auszulösen, wohl
aber, um uns heilsam zu erschrecken und uns – endlich –
zum Erwachen zu bringen.

Theologie und Kirche haben bislang auf diese Anfragen
wenig reagiert. Eine Ausnahme bildet Eugen Drewermann.
Er drückt die theologische Ernüchterung, die er empfindet,
folgendermaßen aus:

»Das Bild, das wir bisher von der Evolution des Lebens
gewonnen haben, ist für die traditionelle Theologie ohne
Zweifel desolat. Es ist ja nicht nur, dass die großen Entwick-
lungsschritte sich außerhalb jeglichen Plans und jeglicher
Zielvorgaben gestaltet haben, es ist vor allem die Einrichtung
der Natur selbst, es ist ihre ganze Machart, die mit der Idee eines gütigen, weisen und fürsorglichen Gottes unvereinbar ist.
Den Gott der überkommenen Schöpfungstheologie zur Er-

klärung der Lebensprozesse braucht es nicht zu geben – er ist
absolut überflüssig, ja, seine Vorstellung bereits irrig, weil ir-
reführend an jeder beliebigen Stelle, die sich empirisch nach-
prüfen lässt, und, schlimmer noch, es darf ihn nicht geben, da
ein Gott in Bewusstsein und Freiheit so nicht handeln dürfte,
wie die Natur jederzeit mit ihren Kreaturen verfährt. Allein
diese beiden Feststellungen wiegen schwer und lassen sich
nicht mit den üblichen Sophismen aus der Welt schaffen.«[64]

Unsere Erde, ein wurzelwinziges Nichtslein im Universum. Wir Menschen, wurzelwinzige Nichtslein in der Kette der Evolution. Unser rationales Ich, ein wurzelwinziges
Nichtslein im Kosmos unserer Person. Was hat die her-
kömmliche Schöpfungstheologie diesen Tatsachen hinzuzu-
fügen? Wie interpretiert sie diese?

Ich meine nichts. – Mehr nicht? Ich finde: Das reicht. Die
vielen Tatsachen sagen uns, dass wir etwas wie ein Geringes
sind. Für Freud sind dies »Kränkungen«. Solche sind es gewiss, wenn wir diese Ergebnisse naturwissenschaftlicher Forschung auf das Maß der Bedeutung beziehen, die wir uns bis
dahin gegeben haben, dass wir uns als Mitte und Maß der
Schöpfung aufplustern.

Sie könnte auf der anderen Seite aber auch *Befreiung* sein,
Befreiung von einer unangemessenen Selbstüberhebung, die
wir uns in Unkenntnis angeeignet haben, Befreiung hin zu
der Wirklichkeit, nicht wie wir sie uns schaffen, sondern hin
zu der Wirklichkeit, wie sie wirklich ist.

Haben wir noch die Wahl, die Augen zu verschließen oder
dorthin zu kommen, wohin wir wollen? Müssen, ja dürfen
wir nicht vielmehr jetzt da ankommen, wo nur noch Tatsachen sprechen, mit anderen Worten: wo die Wirklichkeit selber wirkt? Genauer gesagt: wo sie in ihrer Selbstwirksamkeit
durch uns ihrer selbst durchsichtig wird?

11. Neues Denken in der Physik

Auf die Frage, was das sei, das »die Welt im Innersten zusammenhält«, hat die neuere Physik eine interessante Antwort.

Max Planck entdeckte bei seinen Forschungsarbeiten über Energie und Licht zu Beginn des 20. Jahrhunderts, dass es sich bei dem, was Isaac Newton in seiner mechanischen Weltsicht noch als materielles Gegenüber sah, welches ein subjekiver Geist objektiv erforschen könne, nicht um materielle Substanzen handelt, sondern um Energiefelder. Er nannte sie Quanten, etwas wie Energiepakete. Weiter entdeckte er, dass das Beobachtete nicht, wie in der klassischen Physik, vom Beobachter unabhängig sei, sondern in einem Zusammenhang stehe mit der Sicht des Beobachters. Beides, dass das Beobachtete kein *Ding an sich*, sondern ein *prozesshaftes* Geschehen sei, zum anderen *vom Beobachter abhänge*, löste eine Revolution im Denken zunächst der Physiker aus. Durch ihre Arbeiten an der revolutionären Entwicklung beteiligt waren die besten Physiker damaliger Zeit, unter ihnen Max Planck, James Jeans, Albert Einstein, Max Born, Arthur Eddington, Niels Bohr, Erwin Schrödinger, Wolfgang Pauli, Pascual Jourdan, Carl Friedrich von Weizsäcker, David Bohm, Werner Heisenberg und Hans-Peter Dürr. Sie standen in gutem Kontakt und korrespondierten miteinander.

Eine der wichtigsten Stationen, auf dem Weg zur Beschaffenheit der kleinsten Bausteine der Materie vorzudringen, war der sogenannte Doppelspaltversuch. Mit der Tatsache, dass durch den Beschuss zweier Längsspalten mit Elementarteilchen auf der dahinter angebrachten Platte keine zwei Teilchenhaufen, sondern Längsstreifen unterschiedlicher Dichte der Lichtverteilung abgebildet wurden, war erwiesen, dass diese Elementarteilchen komplementär sowohl Teilchen als auch Wellen sein mussten. Damit war nun aber auch klar, dass man nicht mehr genau wissen konnte, an welchem Ort genau sich ein Teilchen befindet und wie schnell es sich bewegt.

In der Konsequenz musste man mit dieser Beobachtung weggehen von der Aussage: Das Ding ist. Man wurde hingeführt zu der Aussage vom Feld, von der Wolke, vom Schwebezustand, von der Unschärfe, damit zur Frage: Wie sind sie verbunden? Das veranlasste Hans-Peter Dürr dazu, im Blick auf die kleinsten Teilchen statt von »Atomen« (Unteilbaren), von »Wirksen«[65] zu sprechen, von Energiefeldern also, in denen die Wirklichkeit wirkt. Dabei galt es festzuhalten: Die Wirkweise der »Wirkse« ist nicht genau festgelegt. Es kommt das Zufallsprinzip mit hinein und die Beteiligung des Beobachters. Damit war ein für alle Mal geklärt, dass Schöpfung nicht *einmal* stattgefunden hat, sondern *kontinuierlich* stattfindet. Wirklichkeit, so musste man annehmen, ereignet sich in einem Meer von Möglichkeiten. Und berechenbar wären lediglich noch Wahrscheinlichkeiten. Zukunft aber ist damit nicht länger festgelegt, sondern durch Potentialität bestimmt, offen.

Auf meine Frage, ob man erwarten könne, dass die Entdeckungen der Physik des beginnenden 20. Jahrhunderts den revolutionären Umbruch im Denken der Menschen heute veranlasse, antwortete mir Hans-Peter Dürr in einer Mail vom 9. Dezember 2012:

»Lieber Herr Bartel, was Ihre Bemerkung zur Möglichkeit einer positiven Zukunftsänderung betrifft, bin ich durch meine regelmäßigen Chinabesuche recht optimistisch geworden. Es hat mich sehr beeindruckt deren Aussage, dass unsere Ausrichtung nicht funktionieren kann, da wir die von Meister Eckhart betonte ›Wirklichkeit‹, was immer wirkt und sich ändert, zur dinglichen ›Realität‹ reduziert haben in der

Hoffnung, auf diese Weise die Welt in den Griff bekommen zu können. Doch durch dieses Festklammern rauben wir dem viel tiefer angelegt Lebenden, einem ›Dazwischen‹, einer Prozesshaftigkeit anstelle von Bausteinen, das sich ständig verwandelnde Wesentliche, die Gestaltungsfähigkeit. Ihre (die der Chinesen) Vorstellung des ›Daoismus‹ orientiert sich am ständigen Wechsel. Dort, wo du gehst, ist dein Pfad! Anstatt: Dort ist der Pfad, den du gehen sollst. Ich sehe die Möglichkeit, dass wir diese Erweiterung mit Freude übernehmen könnten, da sie die Menschen wieder als Beteiligte (und nicht als einen herrschenden Teil) eines unauftrennbaren Ganzen erkennen. Mit herzlichen Grüßen Hans-Peter Dürr.«[66]

Mit großem Eifer demonstrierte Hans-Peter Dürr mit seinem Doppelpendel in zahlreichen Vorträgen stets neu, dass in den Vorgängen der Natur eine Ordnung immer wieder über chaotische Instabilitätszustände zu einer neuen Ordnung führt. Der Physiker David Bohm sprach, denselben Sachverhalt benennend, von »verborgener Ordnung«, Werner Heisenberg von »zentraler Ordnung«, für die wir die Formel nicht kennten und die etwas sei wie das Göttliche in der Religion. Hans-Peter Dürr geht nicht so weit, das »Ganze« zu benennen. Ihm genügt die »wahre, echte Kreativität«, die »immer Neues ins Spiel« bringe, etwas, »das nicht mehr in das alte Bild hineinpasst. Es ist ein Mehr.« Ihm liegt an der Aktivität, in der man »zum Ursprung zurückgeht« und gleichzeitig »in Richtung Kooperation fortschreitet«. Das Göttliche ist für ihn »die Öffnung für die neue Dimension«, für die »unergründbare Wirklichkeit«.[67]

Um zum Ursprung der Materie zu gelangen, wurde bei Genf in der Schweiz der Teilchenbeschleuniger CERN gebaut. Indem man fotografisch festhält, was passiert, wenn man Elementarteilchen mit großer Energie aufeinander

schießt, versucht man, zu Aussagen über die Aufenthalts-
wahrscheinlichkeit der Elementarteilchen zu kommen. Man
erhofft sich, über diese »Wolkenbilder«, die das prozesshaf-
te Geschehen in der Mikrowelt darstellen, zugleich die Kräfte beschreiben zu können, wie sie aus einer Urkraft her-
vorgehen. Das aber würde nicht weniger als eine genauere
Erklärung des Urknalls bedeuten, bzw. der Tatsache, wie cre-
atio continua, fortwährende Schöpfung, stattfindet.

Was ich in diesem Kapitel in Kürze über die Entdeckung
der neueren Physik zu sagen versuchte und was in der Aussage gipfelt, dass die kleinsten Teilchen der Wirklichkeit, soviel wir sehen, nicht substanzielle Materieteilchen, sondern
Energienetzwerke sind, muss man im Sinne Freuds als weitere »Kränkung« (4. Kränkung) verstehen. Diese Erkenntnis
nämlich würde bedeuten, dass es die Wirklichkeit, die wir
uns gerne als linear verlaufende Zeit mit Vergangenheit, Gegenwart und Zukunft und als endlichen oder unendlichen,
auch gekrümmten Raum begreifbar zu machen versuchen,
so nicht gibt. Sie würde gleichzeitig bedeuten, dass die Wirklichkeit, immer im Hier und Jetzt stattfindend, voller Möglichkeiten, also völlig offen ist, was in alter Verständigungs-
terminologie sofort auch heißt: zukunftsoffen. Das würde
ebenfalls bedeuten, dass künftige Ereignisse nicht länger aufgrund geschehener Ereignisse vorausbestimmbar sind. Alles
zusammen würde bedeuten, dass die Denk- und Seinsstatik,
in der wir uns in unserer Weltsicht seit Newton heimatlich
eingerichtet haben, aufgehoben wäre zugunsten einer offenen, kreativen, energetischen Beziehungsdynamik.

Hört sich das nicht ähnlich an wie das, was Bodhidharma
im 6. Jahrhundert n. Chr. dem chinesischen Kaiser auf dessen Frage nach der letztgültigen, heiligen Wahrheit antwortete: »Nichts von heilig, offene Weite!«?

Was man, von der Beheimatung in der alten Gesetzeslogik her betrachtet, als »Kränkung« registrieren muss, unter dem Aufbruchsgesichtspunkt jetzt als »Befreiung« begreift, als »Befreiung aus der Statik« hin zu einer »Beheimatung im Unterwegs«, würde unserem Leben eine ganz neue Präsenzqualität verleihen und wäre eine große Bereicherung.

Ich schließe dieses Kapitel mit einem Zitat von Albert Einstein und einer Bemerkung dazu:

»Alles ist Energie, und dazu ist nicht mehr zu sagen. Wenn du dich einschwingst in die Frequenz der Wirklichkeit, die du anstrebst, dann kannst du nicht verhindern, dass sich diese manifestiert. Es kann nicht anders sein. Das ist nicht Philosophie. Das ist Physik.«[68]

So sehr Einstein darin recht zu geben ist, dass es sich bei der aufgezeigten Erkenntnis um Physik handelt, so komplementär ist im Sinne unserer Erörterung auch von Philosophie zu sprechen, denn einmal war auch für Einstein ganz viel Denkarbeit nötig, um zu den aufgeführten Ergebnissen überhaupt zu kommen, um einen solchen Satz überhaupt formulieren zu können, zum anderen wird es schwer möglich sein, sich ganz im Verzicht auf wenigstens begleitendes Denken zu üben, wenn es darum geht, sich in die Frequenz der sich neu manifestierenden, nach vorne offenen Wirklichkeit einzuschwingen.

Liegt es nicht in der »Natur« der neu entdeckten Sache selbst, so doch mindestens in unserer Denknatur, uns über die Weise ihrer Selbst-sichtbar-Werdung wenigstens zu verständigen?

Wie nun aber Denken und Handeln, so werden auch Denken und Forschen in ein neues Verhältnis treten müssen. Und es wird neu zu bestimmen sein, was Physik ist, was Philosophie, was Theologie und neue Spiritualität ist und in wel-

chem Verhältnis diese angesichts der Selbstwirksamkeit der
Wirklichkeit zueinander stehen

12. Neues Denken in der Theologie

Um »Gott«, der Welt, dem Menschen und dem Sinn des Ganzen auf die Spur zu kommen, was theologisch die Aufgabe
bleibt, ist der rechte Umgang mit der 5. »Kränkung« nötig,
die ich sehe. Diese Kränkung, die diesmal von der neueren
Theologie her kommt, ist seit der Aufklärung oft, vor ziem-
lich genau 100 Jahren von Nietzsche, unüberhörbar formuliert worden. In der bereits zitierten »Fröhlichen Wissenschaft« hat Nietzsche die Tatsache der Moderne mit dem
berühmt berüchtigten Ausdruck versehen: »Gott ist tot! Gott
bleibt tot! Und wir haben ihn getötet!«[69]

Warum kommt diese Tatsache so schwer zu uns herüber,
mit der Nietzsche nichts anderes kritisiert als unsere der
Wirklichkeit aufgesetzten Vorstellungen und Bilder? Vielleicht, weil wir zu sehr den Verlust scheuen und zu wenig
den Gewinn erkennen?

Mit dem, was wir im 1. Kapitel über das, »was moderne Theologie zu leisten vermag«[70] gesagt haben, ist die von
mir so genannte 5., sozusagen kirchlich-theologische »Kränkung« beschrieben mit: Die Bibel ist weder vom Himmel
gefallen noch vom wirklichen »Gott« wörtlich eingehaucht
worden. Ihre Wahrheiten sind darum keine tatsächlichen
Eins-zu-eins-Wahrheiten, sondern Symbolwahrheiten, d. h.
sie kommen allesamt in zeitgemäß bedingter, mythologi-
scher Sprachform daher, bedürfen also immer der entmy-
thologisierenden Interpretation. Sie sind Zeigefinger, die mit
der Rede von »Gott« auf die allgemeine, unermessliche Tat-

sachentiefe hinweisen, der unverstellt zu begegnen wir eingeladen sind.

Es ist an der Zeit, in Aufnahme des Fadens der Mystik den Weg vom Mythos zur Wirklichkeit radikal und konsequent anzutreten. Dass dies für uns im Rahmen des altehrwürdigen, traditionellen Christentums geschehen wird, versteht sich aus der in ihm liegenden Absicht zur Wahrheit selbst, verlangt uns allerdings auch ab, Liebgewordenes als illusionär zu erkennen. Darum »Kränkung«. Es bedeutet auf der anderen Seite, die Wirklichkeit wahrzunehmen, wie sie wirklich ist. Mein Vorschlag darum, die von Freud sog. »drei Kränkungen« unter dem Bezugspunkt der *einen* Wirklichkeit als »drei Befreiungen«, bzw. ergänzt als »fünf Befreiungen« zu verstehen. Wenn unsere Erde weder die Mitte der Welt ist, noch wir die Krone der Schöpfung, noch wir selbst Herren in unserem Hause sind, noch Seiendes substanzhaft ist, noch Bilder als Tatsachen zu verstehen sind, wenn also unsere Erde Teil des Ganzen und wir mit unserem gesamten Wesen Teil des einen, großen, energetischen Ganzen sind, worauf die Schriften aller Religionen hinweisen, dann sind wir auf unserer Entwicklungsstufe, in unserer Zeit, zum ersten Mal, mag sein, befreit, in einer so kaum jemals da gewesenen Offenheit Wirklichkeit wahrzunehmen, wie sie wirklich ist, und nicht, wie wir denken oder glauben, dass sie sei.

Um es im Kontext unserer westlichen Theologie anschaulich zu machen: Den Ertrag der modernen Theologie aufnehmend, also z. B., wie Bultmann sich ausdrückte, »existential« interpretiert, ist Petrus auf dem See Genezareth nicht deshalb nicht gesunken, weil ihn das Wasser des Sees tatsächlich getragen hätte – das wäre Unsinn nach dem Naturgesetz, der Vernunft, ich ergänze: dem Dharma. Wenn man ins tiefe Wasser steigt, sinkt man bekanntlich selbst im salzreichen

Toten Meer ein. Er ist nicht gesunken, weil er dem Wort des Meisters Vertrauen entgegengebracht hatte. So ist diese Erzählung das anschaulich erzählte Beispiel eines an anderer Stelle aufgeführten Wortes, in dem es heißt: »Wenn ihr Vertrauen hättet wie ein Senfkorn, ihr könntet Berge versetzen.«

Interpretiert man die Erzählungen der Bibel, insbesondere die des Neuen Testaments, modern existential, kommen wir weg vom Mirakelglauben und hin zur Ermutigung, in der Meisterung der Schwierigkeiten des Lebens auf Vertrauen zu setzen.

Wie Jesus nicht der exklusive »Gott« bleibt, so »Gott« nicht das großväterliche, auf den Wolken thronende Überwesen, das sich, je nach Laune, mal an die Naturgesetze hält, mal sie durchbricht.

Mögen Glaubende wie Nichtglaubende »ihn« tausendmal »da oben« glauben oder, was die Kehrseite desselben Glaubens ist, bezweifeln, »er« bleibt die geheimnisvoll wirkende Lebenskraft in uns und in allem, was lebt.

Das Leben göttlich und »Gott« als das Leben so sehen zu können, ist für mich ein Ausdruck moderner Spiritualität in dem Sinne, wie Hans Urs von Baltasar sie definiert hat, nämlich »Durchstimmtheit des Lebens von seinen objektiven Letzteinsichten und Letztentscheidungen her. Somit bleibt »Gott«, wie wir auch hier sehen, nicht länger das christlich vereinnahmte, illusionär vorgestellte, vergegenständlichte Gegenüber, sondern wird, zum »Göttlichen« erweitert, zu der geheimnisvoll lebendigen Kraft, die in allem Lebendigen wirksam ist.

Kurz vor ihrem Tod, den sie durch ihre Krebserkrankung zu meistern hatte, schrieb die achtzigjährige oberbayrische Ordensfrau Irmengard Bardo (Bauer-Dora) um 1900 an ihren Biografen:

»Ich bin wirklich hindurch. ... Es ist das Urvertrauen, das mich trägt. ... Es ist das Vertrauen in die Kraft, die uns leben lässt, der wir den Namen GOTT gegeben haben.«[71]

»Gott«, sprachlicher Ausdruck für die geheimnisvolle »Kraft, die uns leben lässt«, ich denke, das könnte eine Formulierung sein, die viele verstehen, akzeptieren, als hilfreich empfinden und verwenden können. Und die nach dem Gesagten nicht unbiblisch ist. Was anders sollte mit den zahlreichen biblischen Gottesbildern gemeint sein? Wovon anders redet Paulus, wenn er die Korinther daran erinnert, dass sie ein »Tempel Gottes«[72] seien? Wir Menschen: ein lebendiger Ausdruck »Gottes«. Dies nicht allein so sehen, sondern in jedem Moment und an jedem Ort mit jeder Faser, wie es uns Zen vormacht, zu leben, eben genau darin manifestiert sich die Wirklichkeit, die wir nicht daran werden hindern können, ja wollen, dass sie sich in jeder Frequenz lebensförderlichen Verhaltens durch uns realisiert. Wollte der johanneische Jesus daran erinnern, wenn er nach Joh. 10,34 an Psalm 82,6 erinnerte, in dem es heißt: »Ihr seid Götter«?

Zu zeitgemäßer Spiritualität befreit, geht es – das wäre die reife, moderne Form des Glaubens – nach der »kirchlichen und sozialen Reformation« heute und in Zukunft um die Form von Reformation, die wir mit Ralf Kühn, Jürgen Moltmann u.a. treffend als »Wiedergeburt zum Leben« beschreiben können. In diese Wiedergeburt zum Leben wären gleichermaßen einbezogen: moderne Theologie und Philosophie und moderne Physik, ja die Naturwissenschaften überhaupt. In der Kooperation der Wissenschaften blieben wir alle nicht im aus- und abgrenzenden Entweder-Oder stecken, sondern würden hinfinden zum komplementären Sowohl-als-auch, in dem diese Wissenschaften in gleichrangigem Nebeneinander in der einen Wirklichkeit und zu ihr hin unterwegs sind.

Von den Naturwissenschaften kann man dann, wie Carl
Friedrich von Weizsäcker das getan hat, mit Fug und Recht
sagen, ihre Forschungsarbeit sei »Gottesdienst«.[73] Philosophie und Theologie würden nicht länger getrennte Wege
gehen, sondern anerkennen, dass das »Gott«-Denken und
»Gott«-Leben nur auf eine einzige Weise stattfinden kann.
Umgekehrt würden die Naturwissenschaften, sagen wir jetzt,
die Philosophie, die Theologie ist, darin respektieren, dass
beide auf je ihre Art die Menschen denkerisch auf die eine
Wirklichkeit hinweisen, sie zu ihr hinführen, sie erforschen
oder auch nur: sie bei der Realisierung des Lebens unterstüt-
zen, begleiten.

Mit dem »Mystiker« aber, von dem Karl Rahner redet, kä-
me nun noch derjenige hinzu, der, um die Wirklichkeit zu
ergründen, zum Denkweg und Textweg noch die Intuition
hinzuzieht, der Meditierende also. Weil es aber um das Ergründen des »Einen« geht, wäre der Streit der Gegensätze ein
für alle Mal begraben, begraben zugunsten von: Kommunikation, Kooperation und Kommunion. Aus oftmals destruk-
tiver Konkurrenz entstünde ein eindeutig konstruktives Miteinander.

Dies als Grundhaltung erkannt und in allen gesellschaftlichen und privaten Bereichen eingeübt, in Politik und Wirt-
schaft, in Wissenschaft und Kunst und Religion ist als Ent-
wicklungsschritt der Menschheit aus meiner Sicht nicht nur
dran, sondern dem Leben in der einen globalen Welt angemessen. Und ist zukunftsweisend.

Teil III:

Die Übungspraxis

»Der sterbende Buddha sah in seinem Vermächtnis an die Welt keine philosophische Deutung der ewigen Rätsel, sondern eine praktische Anleitung, Wahn und Unwissenheit über das Wesen von Welt und Ich aufzuheben. Sein letztes Wort ist nach der ceylonesichen Tradition ein Appell zur Aktivität in der Übung, nicht zur Spekulation und begrifflichen Systematik.«[1]

Heinrich Zimmer

Der historische Jesus sagte: »Wer mir folgen will, der sage Nein zu seinem Ego, nehme sein Schicksal in die Hand und gehe wie ich den Weg.«[2]

Matthäus 16,24

Fragen wir nach der Praxis der heute notwendigen, zeitgemäßen, mystischen Spiritualität, dann warten wir nicht länger, bis Theologie und Kirche aufwachen, sich der Ruck in
den Köpfen der Kirchenoberen vollzieht, Umkehr in Ökono-
mie und Politik sich ereignen und sich der Hang zum Akti-
onismus auf Kirchentagen beruhigt hat, sondern greifen auf
den historischen Jesus zurück, nehmen wahr, was uns Vernunft und Wissenschaft zu sagen haben, und nehmen »mit
Freude«[3] auf, was in unserer Tradition und vor allem im Osten an Anleitung für den Weg bewahrt wurde. Gewiesen an
den, der wahres Leben verkörpert und vermittelt hat, orientiert an dem, was die Naturwissenschaft, insbesondere
die Kognitions-und Neurowissenschaften an Erkenntnissen
zu Tage fördern, und angeleitet zu spiritueller Praxis ist der
Weg zu erfülltem Leben und in eine nachhaltige Zukunft gut
zu finden.

Welche Übungen, genauer gesagt, welche Methode, welchen Weg empfehle ich abendländisch dualistisch aufge-
wachsenen und geprägten Christen?

Auch wenn 46 Prozent der Deutschen die Kirche für un-
modern, altmodisch und überholt halten und sich nur 28
Prozent der unter Dreißigjährigen als religiöse Menschen
beschreiben,[4] empfehle ich die Anknüpfung an das, was wir
kirchlich haben.

»Es muss Orte des konzentrierten Lebens, Betens, Medi-
tierens geben …, damit das, was an diesen Schatzorten aufbe-
wahrt, erfahren, gelernt und zur Verfügung gestellt wird, sich
überall, in aller freien Wirklichkeit, jenseits von Tempeln, Sy-
nagogen, Moscheen und Kirchen auswirken kann.«[5]

Mit Matthias Kroeger und Friedrich Wilhelm Graf bin
ich der Meinung: Ein noch so persönliches Christentum, eine noch so individualisierte Spiritualität brauchen als Rah-

men eine funktionsfähige Kirche, ein kirchlich organisiertes Christentum. Wie müssten diese aussehen?

Im Zentrum der Kirche steht die Veranstaltung Gottesdienst. Ich empfehle, daran anzuknüpfen und diesen zu erneuern.

Zweitens empfehle ich, den Gottesdienst zu ergänzen durch spezifische Übungen der Meditation und des achtsam und wertschätzend geführten Gesprächs. Wir brauchen die spezifischen Übungen im abgegrenzten Raum. Dafür sind die Kirchen nach wie vor ebenfalls da und geeignet, wenn sie sich furchtlos öffnen.

Drittens empfehle ich, die Menschen anzuleiten, ihren Alltag achtsam zu leben. Schließlich verbringen wir das große Quantum unserer Lebenszeit in demselben.

1. Erneuerung des Gottesdienstes

Das Kerngeschäft der Kirche bleibt der allsonntägliche Gottesdienst, die Heilige Messe. Dazu kommen die Kasualgottesdienste: Taufen, Abendmahlsfeiern, Firmung, Konfirmation, Trauungen und Beerdigungen.

Die Gottesdienste passen in die Auszeit »Wochenende« mit ihren Sonntagen sehr gut hinein. Die Zeit des Beginns ist veränderbar.

Von dem Gedanken her, dass in der Zentralveranstaltung der Kirche das Wunder des Lebens zu vermitteln und zu feiern ist, ergeben sich eine Reihe von Gesichtspunkten, die genauer zu beachten sind:

Es braucht den sorgfältig vorbereiteten, atmosphärisch freundlich, warm und schön gestalteten, einladenden *Raum*. Dazu gehören, wenn Begrüßung stattfindet, dass sie an den offenen Toren freundlich, nicht musternd ist. Menschen, die begrüßen, sollten danach ausgesucht werden, ob sie verstanden haben, dass sich der Mensch seine Daseinsberechtigung nicht erarbeiten muss, sondern dass er so, wie er ist, vor Gott da sein darf. Das »Du darfst sein, der du bist« ist den Besucherinnen und Besuchern von Anfang an und generell, verkörpert durch Personen, zu vermitteln. Willkommenskultur ist für den Gottesdienst reformatorisch und spirituell konstitutiv. Besucherinnen und Besucher müssen sich von Anfang bis Ende akzeptiert, toleriert, willkommen geheißen und wertgeschätzt fühlen. Dies gilt bis hin zur Musik, durch die die Menschen im Singen begleitet und am Ende des Gottesdienstes hinausgeleitet werden.

Im Zentrum soll weiterhin die *Predigt* stehen. Sie nimmt die Lebenserfahrungen der Gottesdienstbesucherinnen und Besucher auf und bespricht sie im Zusammenhang mit den in der Bibel erzählten Erfahrungen von Menschen.

Es braucht *Lieder*, die in zeitgemäßer Sprache und ausschließlich mit Inhalten, die die Menschen verstehen, das Leben thematisieren, z. B. »Gott gab uns Atem, damit wir leben« (EG 432), »Unser Leben sei ein Fest« (EG 636), »Wo ein Mensch Vertrauen gibt« (EG 638), »Vertraut den neuen Wegen« (EG 395), »Komm, o komm, du Geist des Lebens« (EG 134), »Wie die zarten Blumen willig sich entfalten« (EG 165,6), etc. Und lieber an zehn Sonntagen hintereinander: »Selig seid ihr, die ihr einfach lebt« (EG 651), als einmal: »Ein Lämmlein geht und trägt die Schuld« EG (83). Ein Inhalt, den man voll und ganz bejaht, ist eingängig, weckt durch die Wiederholung die Lebensgeister und stellt liturgisch ein positives Stimulans dar. Außerdem bewahrt die Wiederholung vor der Leistung des ständigen Auswendiglernen-Müssens. Oskar Heiler: »Herr Pfarrer, mir würden zehn Choräle reichen.«[6]

Es braucht die *aktive Beteiligung* von Besucherinnen und Besuchern, in ernster und entspannter Form bei: Gebeten und Lesungen in leicht verstehbarem, heutigem Deutsch.

Es braucht eine Zeit für *Atem* und *Stille*, eine Zeit, in der nichts geschieht. Von der Meditationserfahrung her zieht in das »Stille Gebet« der Liturgie des evangelischen Gottesdienstes etwas ein, das der Stille nach der Ansage »Wir beten weiter in der Stille« neben dem Reden und Hören einen eigenen Wert gibt. Wer gelernt hat, sich in die Stille hineinzubegeben, wartet nicht ungeduldig auf das Votum, das die Stille gleich wieder beendet, sondern nimmt die Stille an, taucht in sie ein, gibt dem Raum, was sein will, lässt die Welt anhalten, überlässt sich ihr ganz, spürt den Atem und begegnet erlebbar dem ganz Anderen, dem Göttlichen. Er ist angekommen im »templum«, dem von der Welt abgegrenzten heiligen Bezirk, der ihn/sie ganz anwesend sein lässt. Die Ansage der Stille löst nicht länger Stress und Unruhe aus, sondern gewährt Ruhe und veranlasst das Zu-sich-Kommen. Aus der gemeinsam erlebten Stille erwächst Offenheit für das, was sich gottesdienstlich weiter ereignet.

Wer so Stille erlebt hat, empfindet Dankbarkeit, dass diese Zeit aktiven Durchatmens nicht mehr nur zehn Sekunden, sondern drei oder fünf Minuten oder bei Eingeübtheit länger währt. Es muss ja nicht gleich wie bei den Quäkern Stille von der Dauer einer Stunde sein.

Es braucht den Platz für den *Körper in Bewegung*.

Es braucht das *Nachgespräch* bei einer Tasse Kaffee oder Tee. Dabei wird Aufgenommenes und Erlebtes nicht zerredet, sondern ausgesprochen und geteilt. Es bietet Gelegenheit zur Einübung in nicht wertende Kommunikation.

Der Kasualgottesdienst *Taufe* stellt eine Begrüßungsfeier dar. Kleine Kinder werden im Leben (Symbol Wasser) willkommen geheißen und bedingungslos in die Gemeinschaft aufgenommen.

Die Feiern des *Abendmahls* sind keine verlängerten Gottesdienste, sondern Feiern zur spezifischen Wahrnehmung des Lebens (Symbole Brot und Wein): »Ewiges will zu uns«[7] (Rilke). Das Spendewort wird, statt »Jesu Leib, für dich gebrochen« und »Jesu Blut, für dich vergossen«, heißen: »Leben für dich.«[8]

Bei *Trauungen* und *Beerdigungen* erfahren Menschen in besonderer Lage besondere Begleitung.

2. Unio mystica in Abendmahl und Heiliger Messe

Im Abendmahl der Evangelischen Kirche und in der Heiligen Messe der Katholischen Kirche haben wir schon die Formen, in denen wir durchaus im Sinne von Mystik feiern, was wir als Unio mystica, Vereinigung mit Gott, neu zu verstehen lernen können. Leider ist dieses Verstehen in den herkömmlichen liturgischen Formen nicht oder noch nicht im Bewusstsein. Ich meine, dass diese Formen als Einübung in Gotteserfahrung im Unio-mystica-Sinne neu belebt werden können. Dafür möchte ich plädieren.

Nun haben im Protestantismus die Kirchentage seit den »Lorenzer Ratschlägen«,[9] Nürnberg 1979, schon einmal versucht, das Abendmahl als Mahl der Hoffnung einladender und ermutigender zu gestalten, außerdem mit den Elementen Brot und Wein die Elemente Dank und Fest, Lebensfreude und Solidarität mit den Hungernden aufzunehmen. Es geht um das einfache Leben wie darum, das Mahl in den Kontext des persönlichen wie des gesellschaftlichen wie des alltäglichen Lebens überhaupt wieder einzutragen. Wurde in dem interkonfessionell beachteten Feierabendmahl das doppelte Profil: »Kommunion« und »Kommunikation«, Lobpreis und Weltverantwortung, investigativ schon einmal realisiert, so wäre es jetzt, wie ich meine, an der Zeit, die Unio-mystica-Erfahrung, die im erweiterten Zentrum der Feiern beider Konfessionen ja schon da ist, als Fokus der Feier bewusst zu machen. Dass die Verwandlung der Hostie in den Leib Christi (Transsubstantiation) nichts weniger darstellt als »die Aneignung der Gegenwärtigkeit Gottes«, hat kein Geringerer als der in andrem Zusammenhang zitierte Philosoph und Gigant des Gedankens Hegel in seinen »Vorlesungen über die Philosophie der Religion« ausgesprochen:

»Es handelt sich eben um die bewusste Gegenwärtigkeit Gottes, Einheit mit Gott, die unio mystica, das Selbstgefühl Gottes. Dies ist das Sakrament des Abendmahls, in welchem auf die sinnliche, unmittelbare Weise dem Menschen gegeben wird das Bewusstsein seiner Versöhnung mit Gott, das Einkehren und Innewohnen des Geistes mit ihm.«[10]

Das neu bewusst gemacht, bleiben Abendmahl und Heilige Messe nicht nur die unaufgebbare Mitte kirchlicher Feier, sie werden vielmehr neu zur leibhaftig gelebten Feier göttlich erfüllten Gegenwärtigseins.

Das Abendmahl und die Heilige Messe mit der im Kern neu verstandenen Kommunion und der praktizierten Weltverantwortung würde die Kirche in kürzerer Form jeden Sonntag, in längerer interaktiver Form je nach Vorbereitungskapazität an jedem Feiertag anbieten. Die geführte Anleitung zur Unio-mystica-Erfahrung wäre in die Formulierungen der Agende ebenso aufzunehmen wie die Anregungen zur Weltverantwortung. Unter dem neuen Profil liturgisch Festgelegtes würde sich abwechseln mit Räumen für je neu Einzutragendes. So entstünden neben lebendiger Liturgie, Got-

teserfahrung und eucharistischer Einheit und was sich heute
viele wünschen und was heute notwendig ist: Erneuerung
der Kirche und Öffnung zur Welt.

3. Meditation

Auch wenn wir noch nicht so weit sind, wie es sich der katholische Theologe Hubertus Halbfas wünscht, »dass sich kirchliche Gottesdienste regulär mit Zen-Übungen verbinden,
aber wünschenswert und fördernswert sei es, dass es zunehmend mehr Zen-Lehrer und im Zen Geübte unter Theologen und Pfarrern geben sollte, deren Einfluss zu einer deut-
lichen Veränderung des spirituellen Milieus in den Kirchen
führt«,[11] sollte der meditativen Praxis, neben Yoga, gerade im
kirchlichen Milieu zunehmend Raum gegeben werden, ist
sie doch erfahrene Rechtfertigung, tief erlebte Gotteserfahrung: »Du darfst der sein, der du bist«, »Du bist der Atem
›Gottes‹«. Höchste Zeit, nicht nur rational zu erfassen, sondern körperlich zu erleben und zu spüren: Du bist geliebt. Du
lebst nicht aus dir selbst. Es geht darum, das göttliche Leben
wahrzunehmen. Es zu spüren. Es zu leben.

Wie das geht, fragen Sie. Ganz einfach, wie auf S. 63/64 beschrieben:

> Man setze sich hin.
> Man richte sich auf.
> Man lausche auf den Atem.

Ob wir das aus dem Osten einfach so übernehmen können,
fragen Sie weiter. »Mit Freuden«, antwortet Hans-Peter Dürr.

Und alle im Westen, die sitzen – und es werden mehr – bestätigen dies.

Ob es nicht mehr sei, fragen Sie weiter. Und ich antworte analog zu Marie Luise Kaschnitz in ihrem Auferstehungsgedicht:»weniger nicht«. Aber dieses Wenige sollten Sie ausprobieren. Und zwar ganz regelmäßig, ganz konsequent, täglich, zur gleichen Zeit, am gleichen ruhigen Ort, eine gleich kurze Weile, in gleich bleibender Haltung.

Wie minimalistisch das Setting! Wie maximal die Wirkung!

Was macht dieses Anwesendsein, dieses Aufmerksamsein, diese einfachste Sache der Welt dennoch so schwer, frage ich. Nicht, dass wir etwas werden wollen, das wir nicht sind. Wir sind schon alles, aber wir können es schwer fassen, schwer dazu stehen. Wir glauben es nicht. Wir fühlen es nicht. Wir wissen es nicht.

Wenn wir uns hinsetzen, bekommen wir leicht ein Problem mit dem Geist. Er ruht nicht. Immer sind wir beschäftigt. Ständig haben wir etwas vor. Ständig reagiert der Geist auf Reize und verliert sich darin. Kaum habe ich mich hingesetzt, um mich zu sammeln, mich zu konzentrieren, zu mir zu kommen, ergreift der Geist die Gelegenheit abzuschweifen, den Bildern und Gedanken zu folgen. Vor allem, wenn ich mit Anfangenden arbeite, höre ich: Statt beim Atem zu bleiben, um Ruhe und Gleichmut zu erleben, bricht das ganze Chaos aus Bildern, Gefühlen und Gedanken los, mal geordnet, meist ungeordnet und durcheinander. Mal kommen Kleinigkeiten hoch, die geärgert haben. Mal sind's schwere Kränkungen. Mal ist's der Hauch einer Beleidigung. Mal sind's Hilflosigkeit und Ohnmacht. Mal verliere ich mich in Details der Vergangenheit. Mal jagen mich Ängste und Sorgen im Blick auf Zukunft. Statt zu mir und zur Ruhe zu kommen, entstehen Tur-

bulenzen, wie ich sie nie vermutet hätte. Im Zen spricht man
von Monkey Mind und meint damit die Tätigkeit des Geistes,
in dem die Gedanken wie Affen in einem großen Baum lau-
nenhaft unruhig von Ast zu Ast springen.

Was damit tun? – Wegschieben? Geht nicht. Zulassen! Es
bleibt nichts anderes übrig. Sieh das ganze Chaos mit freundlichen Augen an. Sei auch gut zu deinem Ärger, besonders zu
deinem Ärger über deinen Ärger. Er ist ein Teil von dir. Bewerte ihn nicht und halte ihn nicht fest. Lass alle Gedanken
und Gefühle kommen. Schau sie an, berühre sie liebevoll und
lasse sie ziehen. Sie ziehen weiter wie die Wolken am Himmel weiterziehen. Es mag auch mal eine Stille eintreten. All
das bist du. Das hast du bislang nur noch nicht bemerkt. Nun
wirst du dessen gewahr. Ja, es ist wahr. Betrachte es einmal so:
All das bist du mit deiner ganzen inneren Fülle und Lebendigkeit. Wie fühlt sich das an?

Man soll sich darüber klar sein: Meditation bedeutet nicht
unbedingt Freiheit von Bildern, Gedanken und Gefühlen.
Die kommen einfach. Lasse sie zu, aber halte sie nicht fest.
Erkenne, dass sie Teil deiner Welt sind. Wenn Gedanken
kommen, dann lasse sie kommen. Wenn Gefühle kommen,
fühle sie. Bewerte sie nicht. Im Zen gibt es den wunderbaren Ausdruck: Ich lasse geschehen, was geschieht, lade die
Gedanken aber nicht zum Tee ein. Nicht das ist die Frage, ob
diese inneren Bewegungen weniger werden, es kommt viel
mehr darauf an, regelmäßig zu üben.

Das regelmäßige Üben ist das Förderliche. Der Körper
lernt. Und das Gelernte wirkt sich auf den Geist und das Leben so aus, dass Aufmerksamkeit, Achtsamkeit und Lebendigkeit entstehen, Leben eben.

Meditation ist Stille-Übung, alleine und in der Gruppe.
Das Gespräch aber kann sie nicht ersetzen.

4. Gesprächsgruppen

Was die Menschen neben Gottesdienst und Meditation spirituell am meisten brauchen, ist das Gespräch. Das Gespräch nicht als Smalltalk und nicht als Unterhaltung, sondern als völlig entspannten und zugleich ernsthaften Diskurs über die Daseinsfragen.

Ich selber habe beste Erfahrungen gemacht mit dem Gruppenangebot »Philosophisch-spirituelles Café« einerseits, und mit »Glaube in der späten Lebenszeit« andererseits.

»Philosophisch-spirituelles Café« heißt nicht zuerst: Nachdenken über das, was andere, scheinbar kompetentere Menschen über »Gott« und die Welt, über Sinn und Unsinn gedacht haben, sondern selbst zu denken und zu sprechen, zum Selbstdenken und Selbstsprechen angeregt zu werden; denn jeder Mensch hat eine eigene Lebensphilosophie. Sie ist meist unbewusst. Wir können sie uns aber bewusst machen. Es geht darum, über Alltagsprobleme und Lebensfragen zu *philosophieren* und erst in zweiter Hinsicht darum, philosophische Texte zu interpretieren und in den Diskurs mit einzubeziehen.

Als Methode hat sich philosophiedidaktisch das sogenannte Freewriting, existenzielles Schnellschreiben, bewährt. Man nimmt ein Blatt Papier und notiert darauf, ohne länger nachzudenken, was mich gerade beschäftigt oder meine Wahrnehmung des Geistes der Zeit, das momentane Urteil über die Welt oder muntere Assoziationen zu Themen wie Glück, Leid, Tod, Gott, Geld, Natur, Religion, Zeit, Seele, Böses, Mensch etc..

»Im Café schreibt und spricht der einzelne in seinen eigenen philosophischen Texten und Gedanken, die er mit seinem Herz- und Denkblut geschrieben hat. Hier steht er Re-

de und Antwort in den kreisenden Textgefechten um Glück,
Gott und Tod. Hier »stirbt« jeder in seinen Texten und er
steht in der folgenden Diskussion wieder auf. Wenn die
Wahrheit zu zweien beginnt, kann mehr Wahrheit als im Philosophischen Café gar nicht sein.«[12]

Diesen Andeutungen ist zu entnehmen, dass das Philoso-
phisch-spirituelle Café anders als der akademische Diskurs
und anders als die Talkrunde und anders als die Bibelstun-
de durch die Elemente, die ihm eigen sind: Schreiben, Muße,
Vorlesen, Ausprobieren, Denken, Reden, Hören, Aufnehmen,
Nachfragen, Umkreisen, Lachen, um schwer Beschreibba-
res Ringen etc. nicht allein das menschliche Grundbedürfnis
nach Kommunikation befriedigt, sondern maßgeblich dazu
beiträgt, dass sich die Teilnehmenden als Menschen in je ihrem Sosein erkennen, sich damit überhaupt hervorbringen.

Lutz von Werder praktiziert dieses Format in Berlin seit
Jahren mit wachsendem Erfolg. Insofern diese Art von Ver-
anstaltung auf eine sehr angenehme Weise bildet, beteiligt,
Menschen in ihrem Menschsein hervorbringt, gehört sie als
Veranstaltung m. E. mindestens einmal pro Monat in jedes
Gemeinwesen, in jede Kirchengemeinde.

Unter dem Gesichtspunkt, den wir erörtert haben, dass
Theologie »Anleitung zum Leben« sein soll, ist im Blick auf
diese besonders wichtige und schöne Art von Veranstaltung
genauso gut von »Theologisch-spirituelles Café« zu reden.
Da der von uns gebrauchte, erweiterte Theologiebegriff allerdings (noch) nicht Allgemeingut ist, würde ich in der Bezeich-
nung bei »Philosophisch-spirituelles Café« bleiben. Wichtiger
als der Name aber muss sein, die Sache des im machtfreien
Raum geführten Gesprächs auf den Weg zu bringen.

Von der Leitung ist die moderierende und kommunikati-
ve Kompetenz gefragt, die es den Teilnehmenden ermöglicht,

sich durch Selbstdenken selbst hervorzubringen, d. h. dann auch, die eigene Lebensphilosophie reflektierend zu entwickeln.

»*Glaube in der späten Lebenszeit*« oder was dasselbe meint: »*Im Glauben erwachsen werden*«. Diese Gesprächsgruppe handelt unter dem Gesichtspunkt »Leben vermitteln«, wie nicht anders zu erwarten, ebenso von Gott und der Welt, von Sinn und Unsinn. Die Besonderheit ist jedoch die Ausrichtung auf Herkunft, Prägung, religiöse Sozialisation.

Angeleitet durch Bert Brecht schauen wir genauer hin, »was ein Kind gesagt bekommt«,[13] erinnern uns an Kindergebete, den Struwwelpeter, Max und Moritz, Märchen u. a. und fragen, was die Erziehung, die sich dieser Mittel bediente, bei uns bewirkt hat, welche Erfahrungen wir damit gemacht haben. Durch solches Erinnern entsteht ein lebendiger Austausch. Indem die Teilnehmenden ihre Erfahrungen auszusprechen beginnen, lernen sie »Ich« zu sagen. Sie lernen, nicht selten zum ersten Mal, sich als Subjekt von so etwas wie einer eigenen theologischen Biografie zu begreifen.

Das stellt für viele Teilnehmende, die allesamt zum Thema etwas sagen können, nicht weniger dar, als den Beginn des Erwachsenwerdens im Glauben, den Beginn also einer religiösen Emanzipation.

Sie stellen nun Fragen wie: »Was gibt mir Halt? Was verbinde ich mit dem Wort »Gott«? Was ist der Sinn? Wo in der Welt soll ich mich engagieren? Was kommt dann?« Es ist nicht zu viel gesagt, wenn man feststellt, dass viele an diesen Themen, denen je eine Gruppeneinheit mit genügend Zeit gewidmet wird, sich ganz »neu« entdecken, ja sich als Subjekte mit Selbstbewusstsein und Lust zur Verantwortung ganz »neu« hervorbringen.

Als Leitung solcher Gruppen ist eine Moderation gefragt, die, gleich dem philosophischen oder theologisch-spirituellen Café, moderat ist, nicht wertend, nachfragend, zusammenfassend, nur hintergründig führend. Die Gesprächsleitung darf auf keinen Fall dem Helfersyndrom oder dem Guru-Klischee verfallen. Indem sie Empathie aufbringt, sich selber durchaus mit eigenen Kenntnissen und Problemen einbringt, für ein entspanntes Gesprächsklima sorgt und dafür, beim Thema zu bleiben, dient sie durch Unterstützung, Ermutigung und zugleich Zurückhaltung im Gruppenprozess dem, was besonders gefragt ist, der Selbstklärung.

Für all das sollten sich die Kirchen öffnen. Mit ihrer Mittelpunktsfunktion und den ihr zur Verfügung stehenden Räumen würden sie neu zu den geeigneten Einrichtungen für die Menschen, die Orientierung suchen und zeitgemäß Spiritualität leben möchten. Das veränderte, erweiterte Bewusstsein bräuchte an möblierender Umgestaltung nicht viel. Es müssten lediglich aus ein paar fest installierten Bänken mobiles Gestühl und Kniebänke werden. Und es müssten aus kalten Böden atmosphärisch warme Böden werden, denn »der Ort, darauf du stehst, ist heiliges Land!«[14] Vielleicht haben ja die Moscheen da etwas Wichtiges eingerichtet und bewahrt? Die Kirchen müssen ja nicht zu Meditationshallen werden. Sie aber etwas sensibler, attraktiver und zeitgemäß für Stille, Gotteserfahrung und Gespräch einzurichten, wäre mystischer Spiritualität und Weltverantwortung dienlich.

5. Der Alltag

Dass wir um den Weg wissen, ist zu wenig. Wir müssen ihn gehen. Dass wir ihn in den spezifischen Übungen von Got-

tesdienst, Meditations- und Gesprächsgruppen gehen, erscheint notwendig, ist insofern aber auch zu wenig, als es um
die Transformation des ganzen Lebens hin zu einem neuen
Bewusstsein geht.

Unser Leben findet bekanntlich nicht in wenigen Got-
tesdiensten, Gesprächs- und Übungsstunden statt, sondern
umfasst 24 Stunden pro Tag, sieben Tage in der Woche, vier
Wochen im Monat, zwölf Monate im Jahr, 70, wenn es hoch-
kommt 80, 90 oder heute auch mal 100 Jahre. Die Frage also ist, wie unser gesamtes Leben zur spirituellen Praxis wird.

Das geschieht nicht so, wie wir denken, dass es geschehen
müsste. Denken tun wir: Ich habe verstanden und in der Meditationsübung erfahre ich das bisweilen, dass ich im Moment da bin und in jedem Moment und an jedem Ort des Lebens voll und ganz da sein soll, also werde ich Askese üben
und mich um Präsenz bemühen. Obwohl das Bemühen aller
Ehren wert ist, können wir das Leben im Hier und Jetzt, was
allein Leben ist, weder mit unserem Wissen herstellen noch
mit unserem Willen gestalten. Wie aber soll es dann gehen?
Wie die spezifischen Übungen in den Alltag integrieren?

Ganz einfach, indem wir den Alltag zur Übung werden
lassen. Und wie wird er das, wenn wir uns das nicht vorneh-
men können?

Er wird es so und dadurch, dass sich das, was der Körper in der spezifischen Übung gelernt hat, auf das gesamte
Verhalten im Alltag überträgt. Weil der Weg so geht, ist es
so wichtig, dass das Körperlernen in den spezifischen Me-
ditationsübungen kontinuierlich, stringent und konsequent
stattfindet. Hat der Körper in der spezifischen Übung gelernt, atmend, im gemäßen Tempo, aufmerksam und wach
da zu sein, wird er dieses wirklich Gelernte auch außerhalb
praktizieren. Und er wird das so tun, dass er den Geist an

die Hand nimmt und ihn ebenso veranlasst, im gemäßen Tempo, aufmerksam und wach da zu sein. Nicht wie wir es umgekehrt gewohnt sind: Der Geist befiehlt und der Körper folgt ihm. Die Wahrheit des Satzes erfahrend: »Wisst ihr nicht, dass euer Leib der Tempel des Heiligen Geistes ist«, wird unversehens unser gesamter Alltag unwillkürlich zur Meditation, zum »Gespräch, das wirs ind, zum Gottesdienst, zur Übung. Sagen wir jetzt auch: zur Gotteserfahrung, zum Sein im Gottesreich, zur Lebenserfahrung, zum Leben.

Angekommen endlich im Leben, tut sich jede Stunde, jeden Tag, bereits in jedem Ein- und Ausatmen auf, was wir mit Begriffen wie Aufmerksamkeit, Achtsamkeit, Bewusstsein, Offenheit, Weite, Lebendigkeit, ewiger Frieden andeuten und beschreiben. Nicht aber um diese Begriffe geht es, sondern darum, worauf sie hinweisen: an jedem Ort, zu jeder Zeit aufmerksam, mit großer Sorgfalt und achtsam zu leben.

6. Ansätze zur Reform des Theologiestudiums

Wenn, wie wir zu zeigen suchten, gilt, dass die zukunftsfähige Neuausrichtung von Christentum und Kirche, die heute dran ist, nach derjenigen Reformation verlangt, die alle Dinge in die Wiedergeburt zum Leben führen soll, Leben aber nichts anderes ist als Präsenz im Präsens, welche im Alltag durch die Praxis der Achtsamkeit hergestellt wird, und wenn Pfarrerinnen und Pfarrer anhand von Textinterpretationen Jesus als Urbild und Vermittler wahren Lebens präsentieren sollen, ergeben sich daraus bestimmte Anforderungen an die Ausbildung von Pfarrerinnen und Pfarrern.

Ich nenne vier:

1. Es ist zu wenig, junge Theologinnen und Theologen im
   akademischen Studium in Sprachen und biblischer Theologie auszubilden. Eine solche Ausbildung wäre zu einsei-
   tig. Gehen wir davon aus, dass Menschen zu allen Zeiten
   und in allen Kulturen das Leben zu erfahren suchten, muss
   das akademische Studium nicht nur um das Studium der
   Sozialwissenschaften, wie in den Siebzigerjahren geschehen, erweitert werden, sondern heute um das Studium der
   Religionen, der Philosophie- und Literaturgeschichte.

2. Pfarrerinnen und Pfarrer sollen einmal auch spirituell führen. Dafür bedarf es der Ausbildung in spiritueller Praxis.
   Spiritualität aber lernt man nicht bei einem Professor der
   Theologie herkömmlicher Art, sondern bei einem Meister,
   in jedem Fall bei Lehrern, die es verstehen, zu zeitgemäß
   praktischer Spiritualität anzuleiten. Da die Einübung in
   spirituelle Praxis in einer zukünftigen Kirche zur elemen-
   taren Aufgabe der Pfarrerin und des Pfarrers und Priesters
   gehören wird, sollte Anleitung in dieser Richtung nicht
   erst in der Vikarsausbildung, der II. Ausbildungsphase also, stattfinden, sondern schon vorher.

3. Pfarrerinnen und Pfarrer sollen später nicht nur im Reli-
   gions-, Firm- und Konfirmandenunterricht religiös sozi-
   alisieren, sondern auch in Kleingruppen Menschen darin
   begleiten, ihre Sozialisierung aufzuarbeiten bzw. dieselben
   im Sinne des »Im-Glauben-Erwachsenwerdens« weiter-
   zuführen. Um darauf gut vorbereitet zu sein, müssen sie
   gelernt haben, Gruppen in dieser Richtung anzuregen, sie
   zu moderieren.

4. Im Beruf des Pfarrers geht es generell um Lebenskunst.
   Um Menschen einmal auf dem Weg zu gelingendem Le-

ben kompetent begleiten zu können, ist es nötig, schon im theologischen Studium Wissen und Erfahrungen zu sammeln und existentiell mit der Frage umzugehen: Wer bin ich selbst? Wie richte ich mich ein im Weltgeschehen? Dies im Dialog mit biblischen Texten und mit anderen Menschen. Formulierungsansätze, die in diese Richtung weisen, finden sich bei Manfred Josuttis, der 1982 schrieb: »Ich weiß nicht, ob diese Begegnung mit der Nähr- und Heilkraft der Bibel für jeden Theologen so organisiert werden kann, dass er zu einer regelmäßigen Meditationsübung kommt. Es wäre schon viel, wenn wir unsere persönlichen Erfahrungen im Umgang mit der Bibel wahrzunehmen, miteinander auszutauschen und uns wechselseitig dazu anzuregen lernten. »Was muss ein Pfarrer heute wissen oder können«? Im Grunde vor allem dies: ein Lebensverhältnis zur Bibel haben. Irgendwann sollte er die Erfahrung gemacht haben, dass er in den vielen überlieferten Gestalten selber vorkommt, dass ihn ein alter Spruch oder eine alte Geschichte getröstet hat, dass er mit Hilfe der Bibel etwas besser leben gelernt hat.«[15]

Analog zu dem, was Psychologen mit der Psychoanalyse entwickelt haben, müssten Theologen, in der Tendenz dessen, was Pastoraltheologen vor 35 Jahren forderten, heute in der sich transformierenden Welt – in Aufnahme unseres erweiterten Begriffs von »Leben« – im Theologiestudium etwas erfahren wie eine supervisorisch durchgeführte »Vita-Analyse«. Ich meine damit etwas wie die Einübung in Persönlichkeitsentwicklung, Lebensgestaltung und Menschenführung.

7. Resümee

Was geht heute vor? Wo sind wir angekommen?

Die Welt ist aus den Fugen, das Chaos groß. Die gesellschaftlichen Verhältnisse verflüssigen und individualisieren sich ständig weiter. Unsicherheit und Angst greifen um sich.

Wie soll man die Lage aufnehmen? Was dem entgegensetzen? Positiv gewendet: Ich denke, dass sich unsere Kultur im Stadium des Erwachens befindet; eines Erwachens zu uns selbst hin, zur Erde, zur Welt, damit aber zugleich zu einem neuen GOTTESBEWUSSTSEIN hin, welches das BEWUSSTSEIN des LEBENS selbst ist. Ja, das Leben lebt sich selber und wir sind eingeladen, daran aktiv teilzunehmen. Das ist alles.

Um dieses *Erwachen zum Augenblick des Lebens* zu bezeichnen, sprechen wir heute von »mystischer Spiritualität«. Sie ist eine Kombination aus Wissen, Wissenschaft, Intuition und Übung.

Um eine Bewertung vorzunehmen: Die heutige Wende hin zur mystischen Spiritualität ist m. E. von nicht geringerem Gewicht als die revolutionäre Wende, die sich vor über dreitausend Jahren mit Echnaton in Ägypten und mit Jahwe in Palästina vollzog.

Der Weg geht offenbar von der »*Kult-Religion*« mit den *vielen* Göttern, über die »*Buch-Religion*« mit dem *einen* »Gott«, hin zur – vielleicht nennen wir sie in Aufnahme des Anliegens der Propheten Jeremia und Hesekiel[16] und des historischen Jesus nun – die »*Herzens-Religion*« mit dem *Leben im Augenblick*.

Meditation und Yoga, Wellness, Körper- und Achtsamkeitsübungen sind inzwischen keine suspekten Beschäftigungen von Gruppen am Rande mehr. Sie sind, wenn noch nicht in den Kirchen, umso mehr in der Mitte unserer Gesellschaft angekommen.

Wenn wir die Zeit richtig lesen, stehen wir heute im »Projekt Moderne« (Habermas) wieder einmal am Beginn einer radikalen Revolution, am Übergang von der Dualität in die Einheit, von der Trennung in die Ganzheit, von der Entfremdung in die Heimat eines neuen, tieferen Bewusstseins. Damit aber auch am Beginn einer radikalen Neuausrichtung des Christentums, zu welcher der Dialog mit dem lebendigen Buddhismus Wesentliches beizutragen vermag.

Fünf Schritte der Befreiung waren nötig, um uns auf der winzigen Wegstrecke der letzten 3500 bzw. 500 Jahre Menschheitsgeschichte an diesen Punkt zu bringen:

1. Der Schritt von der Erde zum Universum. (Kopernikus/ Kepler)
2. Der Schritt vom Menschen zum Lebewesen. (Darwin)
3. Der Schritt von der Ratio zur Ganzheit. (Freud)
4. Der Schritt von der Materie zur Energie. (Moderne Physik)
5. Der Schritt vom religiösen Fundamentalismus und Traditionalismus in die Moderne. (Moderne Theologie)

Endlich sind wir an dem Punkt angelangt, an dem wir befreit aufatmen und sagen können:

»Gott« ist kein »Götterhimmel«, auch kein »höchstes Wesen« mehr, das mal geglaubt, oft bezweifelt, immer aber irgendwie vorgestellt oder gedacht wird. »Gott« ist überhaupt kein »Gegenüber« mehr.

Wer ist dann »*Gott*«? – Das Wort »Gott« steht für das Sein, das zu jeder Zeit, an jedem Ort, im Werden ist.

»Er« ist »alles in allem«,[17] sagt Paulus.

Und *Jesus*? – Er ist für uns der beispielhaft menschliche Mensch, das Urbild des Menschen.

Und *wir*? – Wir sind an der Seite Jesu Teil des göttlichen Seins, oder wie wir heute zurückhaltender sagen, Teil des Geschehens-Ganzen, welches sich in jedem Augenblick vollzieht.

Sehen, mehr noch erlebbar erfahren kann das der Mystiker, die Mystikerin, d. h. der wissenschaftlich interessierte, spirituelle Mensch, der es vermag, alles, restlos alles loszulassen, um frei und offen die Gegenwart und damit zugleich die Zukunft zu gewinnen. Indem er, präsent im Präsens, ganz loslässt, verankert er sich im Sein, das ein Werden ist, erfährt er Befreiung aus der Getrenntheit, erlebt er Heimat. Das aber nicht in einer wie immer gearteten Künftigkeit, sondern in der einen Wirklichkeit, die immer wirkt und sich verändert. Ganz wie Hans-Peter Dürr sagte: »Nicht: Dort ist der Pfad, den du gehen sollst«, sondern: »Dort, wo du gehst, ist dein Pfad.«[18]

Übernehmen wir diese Erweiterung mit Freude, gewinnen wir mit der Erfahrung des Seins Mitte und Maß, Heimat und Weite, Bergung, Offenheit und Leichtigkeit.

Dafür ist im Osten wie im Westen, im Buddhismus wie im Christentum, in Japan wie in Deutschland oder andernorts nur eines nötig:

üben, üben, üben
forschen, forschen, forschen
sein, sein, sein
lassen, lassen, lassen
sein lassen
und den Gedanken und die Worte
»Sein lassen«
loslassen.

Danksagung

Ich danke meinem langjährigen Freund und Meister, Harada Sekkei Roshi, für Zen, die Entdeckung des lebendigen Buddhismus, seiner Übersetzerin, Nagako Hoffmann-Okada, für Rat und Tat, womit sie auf feine japanische Art immer zur Stelle war.

Ich danke meinem langjährigen Freund und Weggefährten, Dr. Edgar Thriemer, für zahlreiche, unterstützende Stunden des Gesprächs und der Stille; ebenso Rainer Papel, dem ehemaligen Kollegen, für manch anregendes abendliches »Gesprächsgläschen«.

Ich danke Theodor Huett und Dr. Ermylos Plevrakis, ohne die ich G.W.F. Hegels hohe philosophische Kunst, Anschauung in die Sprache der Begriffe und auf den »Begriff« zu bringen, weder entdeckt noch verstanden hätte.

Ich danke meinem christlichen Lehrer, Prof. Dr. Jürgen Moltmann, der mich zur Niederschrift meiner Erfahrungen und Gedanken ermutigte.

Mein Dank gilt Simon Biallowons, Programmleiter des Bereichs Religion und Gesellschaft für die Aufnahme der Arbeit ins Programm des Herder-Verlags und Dr. German Neundorfer für die kompetente und freundliche Begleitung des Lektorats.

Nicht zuletzt danke ich meiner Frau, Ursula Köhler-Bartel, und meiner siebenundneunzigjährigen Schwiegermutter, Margarete Köhler, für deren treue Begleitung auf meinem Weg.

Karlheinz Bartel
Stuttgart-Bad Cannstatt, im Februar 2019

Anmerkungen

VORWORT UND EINLEITUNG

1 Dennis Meadows, Die Grenzen des Wachstums – Bericht des Club of Rome zur Lage der Menschheit, Stuttgart 1972

2 Deutscher Bundestag – Dennis Meadows plädiert für einen Kurswechsel www.bundestag.de/dokumente/.../2011/36131899_kw42_pa_wachstums-enquete/ 24.10.2011

3 Oswald Spengler, Der Untergang des Abendlandes, Gekürzte Ausgabe, München 1959

4 Samuel P. Huntington, Kampf der Kulturen – Die Neugestaltung der Weltpolitik im 21. Jahrhundert, München/Wien 1996

5 Francis Fukuyama, The End of History and the last Man – Das Ende der Geschichte – Wo stehen wir? München 1992

6 Naomi Oreskes/Erik M.Conway, Vom Ende der Welt – Chronik eines angekündigten Untergangs, München 2015

7 Redensart, die den Menschen nach Gen 1,26–31 als die am höchsten ste-hende Lebensform einstuft, was heute von dem italienischen Biologen Stefano Mancuso durch seine Forschungen auf dem Feld der Pflanzen-neurobiologie heftig und berechtigt kritisiert wird.

EINLEITUNG

1 Hermann Hesse, Siddhartha, 32

2 Friedrich Nietzsche, zitiert bei Wilhelm Weischedel, Die philosophische Hintertreppe, München 1975 262

3 Ebenda

4 Søren Kierkegaard

5 Klaus-Peter Jörns, Notwendige Abschiede – Auf dem Weg zu einem glaubwürdigen Christentum, Gütersloh 2004

6 Friedrich Wilhelm Graf, Kirchendämmerung – Wie die Kirchen unser Vertrauen verspielen, München 2011

7   Hubertus Halbfas, Glaubensverlust – Warum sich das Christentum neu erfinden muss, Ostfildern 2011

8   Carl-Friedrich von Weizsäcker, Bedingungen des Friedens – Mit einer Laudatio von Georg Picht, Göttingen 1964,3

9   Niklas Luhmann, Die Religion der Gesellschaft, Frankfurt 2015, 307

10 Jürgen Moltmann, Geleitwort zu: Karlheinz Bartel, Gustav Werner, Eine Biographie, Stuttgart 1990, 13

11 Rudolf Bultmann, Brief an Walther Fischer vom 5.6.1905, Mn 2-2198, Nachlass Rudolf Bultmann, Universitätsbibliothek Tübingen; zitiert bei: Werner Zager, Rudolf Bultmann, Mensch und Theologe, Vortrag, gehalten am 20. August 2009 in der St. Lamberti-Kirche in Oldenburg, 11

12 Sari Nusseibeh, in: Die Zeit vom 3.3.2011

13 Aristoteles, Nikomachische Ethik

14 Seneca, Vom glückseligen Leben

15 Wilhelm Schmid, Glück – Alles, was Sie darüber wissen müssen und warum es nicht das Wichtigste im Leben ist, Frankfurt a.M./Leipzig 2007

16 Richard David Precht, Die Kunst, kein Egoist zu sein, München 2010

17 Hartmut Rosa, Resonanz – Eine Soziologie der Weltbeziehung, Berlin 2016

18 Dalai Lama, So einfach ist das Glück, Freiburg 2015

TEIL I

1   Arnold Josef Toynbee, Zitat aus »*Der Gang der Weltgeschichte*« bei: Niklaus Brantschen, Das Viele und das Eine, München 2009, Anm. 13

2   G. W. Nishijima, Begegnung mit dem wahren Drachen, Berlin 2008, 115

3   Ausdruck von Edmund Husserl, Phänomenologe und Lebensphilosoph

4   Ernst Troeltsch, Die Absolutheit des Christentums, 1902

5   EKD, 2003 c, 14–16

6   G. W. F. Hegel, Philosophie der Religion (16), 374 ff.

7   Ebd.

8   Ebd.

9   G. W. F. Hegel, Phänomenologie des Geistes (8), 575

10 Ebd. 591

11 Ermylos Plevrakis weist in der Einleitung seiner profunden Besprechung der Hegelschen Logik darauf hin, dass Theologie in radikalem Sinne, verstanden als philosophische Theologie, »göttliche Vernunft und Logik«, bzw. das ungetrübte »Sich-Künden Gottes«, seine »Selbstartikulation« ebenso meine, wie sie auch keinen Unterschied mache zwischen »Wissen und Wissensgegenstand«, in: Ermylos Plevrakis, Das Absolute und der Begriff, Tübingen 2017

12 G. W. F. Hegel, Vorlesungen über die Philosophie der Religion II, Theorie Werkausgabe (17), 341

13 Ebd.

14 Reinhold Dietrich (Hrsg.), 49 Meistergeschichten, leuchtende Spuren zum Sein, Elixhausen 1996, 10

15 Erich Fromm, Haben oder Sein, Stuttgart 1976

16 Friedrich D. E. Schleiermacher, *Über die Religion. Reden an die Gebildeten unter ihren Verächtern (1799)*, in: Ders. Kritische Gesamtausgabe, Bd. I/2: Schriften aus der Berliner Zeit 1769-1799, hg. v. Günter Meckenstock, Berlin/New York, 1984, 212

17 Daisetz Teitaro Suzuki, Leben aus Zen, 1982, 13

18 Martin Luther, Vorrede zu Band I der lateinischen Schriften der Wittenberger Luther-Ausgabe, 1545, WA 54, 179–187

19 Ebd. 20

20 Ebd.

21 Deuteronomium 30,19

22 Jesus, nach Johannes 14,19

23 Paulus, nach Galater 2,20

24 Jesus, im Gleichnis von der selbst wachsenden Saat, Markus 4,26–29

25 Martin Luther, Vorrede, 20

26 Ebd.

27 Letzte Worte Jesu nach der Überlieferung der Evangelien

28 F.D.E. Schleiermacher, Briefe, An den Vater, Gütersloh 1980, 262

29 Brief von Harada Roshi an Karlheinz Bartel, Milano, 2.Juli 2003

30 Ausdruck von: Friedrich Hölderlin

31 Meister Dogen, Shobogenzo, Die Schatzkammer des wahren Dharma-Auges, Band 2, Heidelberg 2001, 174

32 Karlheinz Bartel, Meditation – Was ist das?, Stuttgart 1996

33 Von mir nach dem Dokusan notiert

34 Ebd.

35 Ebd.

36 Zitiert aus einem Brief von Jörg Zink

37 Brief von Harada Roshi vom 1.2.1991

38 aus meinen Sesshin-Aufschrieben

39 Ebd.

40 Ebd.

41 Ebd.

42 Niklaus Brantschen, Das Viele und das Eine, München 2007, 186/187

43 Ebd.

44 Ebd.

45 Ebd.

46 Ebd.

47 Meister Dogen, Shobogenzo, Die Schatzkammer des wahren Dharma-Auges, Bände 1-4, Heidelberg 2001 sukz.

48 Meister Dogen, Fukan zazengi, in: Shobogenzo, Band 1, 311–313

49 Meister Dogen, Goyji, Das Bewahren der reinen Praxis (Teil 2), in: Shobogenzo, Band 2, 183

50 G.W. Nishijima, Begegnung mit dem wahren Drachen, Leben und Zen, Berlin 2008, 167

51 Thomas Merton, Weisheit der Stille, München/Wien 1975, 155

52 Ebd., 157

53 Meister Dogen, Fukanzazengi – Allgemeine Richtlinien für Zazen, Anhang 2 in: Meister Dogen, Shobogenzo – Die Schatzkammerdes wahren Dharma-Auges, Band 1, 2001, 311–313

54 Rolf Kühn, Innere Gewissheit und lebendiges Selbst – Grundzüge der Phänomenologie, Würzburg 2005, 23

55 G.W. Nishijima, Drachen,14 und 154

56 Jürgen Moltmann, Der lebendige Gott und die Fülle des Lebens, Gütersloh 2014, 196

57 Georg Friedrich Wilhelm Hegel, Werke in 20 Bänden, Frankfurt

58 G. W. F. Hegel, Vorlesungen über die Philosophie der Religion, Werkausgabe 17, 263

59 G. W. F. Hegel, Phänomenologie des Geistes, Werkausgabe 8, 589

60 Ebd., 591

61 Ebd.

62 G. W. F. Hegel, Enzyklopädie der philosophischen Wissenschaften 8, 88

63 Ebd.

64 Genesis 3,22

65 Genesis 3,7

66 G. W. F. Hegel, Wissenschaft der Logik II 6, 570

67 Meister Eckhart, Predigt 32, Beati pauperes spiritu, quia ipsorum est regnum coelorum, 303–309

68 Emil Brunner erteilt in seinem Werk »Die Mystik und das Wort«, Tübingen 1924, der Mystik eine radikale Absage: »Sie will nicht den schweren demütigen Weg des Glaubens gehen, sondern wählt den kürzeren und bequemeren Weg der Einfühlung. Sie übersieht oder verwischt die (...) Schranke zwischen Gott und Mensch. Sie glaubt, sich des Göttlichen be-

mächtigen zu können, ist geraubte »Unmittelbarkeit«… Mystik ist das feinste Destillat des Heidentums.« Jehle, Emil Brunner, Zürich 2006, 193

69   Friedrich Gogarten erklärt, dass Mystik »an (…) Geschichte und Gemeinschaft vorbeieilt«. Für ihn bleibt Gott »das Du und wird auf keinerlei Weise zum Ich. Es gibt also keine unio mystica zwischen Gott und Mensch, Gott und Seele, keinerlei unmittelbare Berührung oder Erfahrung. Nichts dergleichen. Es kann nur ein Hören seines Wortes geben«. In: Neudrucke und Berichte aus dem 20. Jahrhundert, Systematische Theologie 17, Anfänge der dialektischen Theologie Teil II, München 1962, 167f.

70   Karl Barth sagt, Mystik sei eine »Loslösung von der Außenwelt« und ein »Rückzug in den Innenraum«. Sie sei »schlimmer als Pharisäismus«.

TEIL II

1   Carel van Schaik und Kai Michel, Das Tagebuch der Menschheit – Was die Bibel über unsere Evolution verrät, Reinbek 2016, 10

2   Karl Rahner, Schriften zur Theologie, Band VII, Zur Theologie des geistlichen Lebens, Zürich u. a. 1971, 21f.

3   Koran, Sure 2,120

4   Jürgen Moltmann im Vorwort zu Karlheinz Bartel, Gustav Werner – Eine Biographie, Stuttgart 1990, 13

5   Koran, Sure 2,120

6   Albert Schweitzer, Von Reimarus zu Wrede. Eine Geschichte der Leben-Jesu Forschung, Tübingen 1906[1], 1984[7]

7   Rudolf Bultmann, Neues Testament und Mythologie, 1941

8   John Dominic Crossan, The Historical Jesus, 1991, aus dem Englischen: Der historische Jesus, 1995

9   Robert W. Funk, The Coming Radical Reformation, Twenty-one Theses, Juli/August 1998

10   Werner Zager, Jesus aus Nazareth – Lehrer und Prophet, 2007, 110

11   »Aber der Christos kata sarka geht uns nichts an; wie es in Jesu Herzen ausgesehen hat, weiß ich nicht und will ich nicht wissen.« (Rudolf Bultmann)

12   Herbert Braun, Jesus, Stuttgart 1969, 171

13   Markus 10,17–22

14   Genesis 21

15   Bergpredigt, Matthäus 6,26

16   Lukas 17,21

17   Meinrad Limbeck, »Das Reich Gottes ist da!« (MK 1,15) – Der griechische Urtext und die Mitte der Botschaft Jesu/ Abschiedsvorlesung an der Universität Tübingen am 9. Februar 2000

18 Michael Fieger, Das Thomasevangelium, Münster 1991, 276

19 Flavius Josephus, Jüdische Altertümer XVIII, 3,3

20 Flavius Josephus, eine arabische Fassung aus dem 10.Jahrhundert (Schlomo Pines, An arabic Version of the Testimonium Flavianum at its Implications, Jerusalem 1971, 14

21 Plinius, Brief an Trajan, X. Buch, Brief 96

22 Tacitus, Annales, Buch 15, §44

23 Sueton, Caesarenleben, Abdruck in: Jesus, Neue Forschungen, Die römischen Quellen

24 Werner Zager, Jesus aus Nazareth – Lehrer und Prophet, 2007, 110

25 Werner Zager, Jesus aus Nazareth – Lehrer und Prophet, 2007, Als eine Möglichkeit verantwortlicher Rede von Jesus, die dem aufgeklärten Bewusstsein Rechnung trägt, wird unter dem Titel »Jesus als Vermittler wahren Lebens« die Christologie des Berner Theologen Ulrich Neuenschwander vorgestellt.

26 Tao-Te-King, Erstes Buch, 25

27 Ebd.

28 Ebd.

29 Ebd.

30 Koran, Sure 19,31

31 Lukas 21,14

32 Dass Jesus von den Hoheitstiteln den des »Menschensohns« gebraucht hat, wissen schon so konservativ orthodoxe Theologen wie Joachim Jeremias, siehe Neutestamentliche Theologie, Gütersloh, 245ff. »Der Menschensohn ist die einzige titulare Selbstbezeichnung Jesu, deren Echtheit ernstlich in Frage kommt.«

33 Johannes 14,12

34 Koran, Sure 5,48

35 1. Johannes 4,16

36 J. W. Goethe, West-östlicher Divan, WA I, 6,288

37 Albert Schweitzer, Die Mystik des Apostels Paulus, Tübingen 1981, 1

38 Römer 6,10–11

39 Johannes 10,3ß und Johannes 17,21 »Ich und der Vater sind eins.«

40 Römer 1,19–20

41 Apostelgeschichte 17,22–23. Die Athener verehrten nach Paulus den einen Gott unwissend (Gottesmystik), Apostelgeschichte 17,28. Für Paulus ist hier Gott der Inbegriff aller in der Natur wirkenden Kräfte (Naturmystik)

42 1. Korinther 13,13. »Nun aber bleiben Glaube, Hoffnung, Liebe, diese drei; aber die Liebe ist die größte unter ihnen.«

43 Schweitzer, Die Mystik des Apostels Paulus, Tübingen 1981, 381

44 Gerhard Wehr (Hrsg.), Martin Luther – der Mystiker, München 1999
    und Gerhard Wehr, Mystik im Protestantismus, München 2000

45 Gerhard Wehr (Hrsg.), Martin Luther – der Mystiker, 37

46 Martin Luther, aus „Grund und Ursach aller Artikel D. Martin Luthers,
    so durch römische Bulle unrechtlich verdammt", WA 43–45 (1521),
    ersch. in WA7, 1897

47 Martin Luther, WA5, 163, 28f.

48 Martin Luther, in der Genesisvorlesung, WA 43–45 (1521), ersch. in WAZ,
    1897

49 Martin Buber, Ich und Du, Heidelberg 1974[8]

50 Paul Tillich, Das neue Sein, abgedr. in: Religiöse Reden, Berlin 1987, 144

51 Friedrich Daniel Ernst Schleiermacher spricht in »Über die Religion. Re-
    den an die Gebildeten unter ihren Verächtern. 1799 gleich zu Beginn von
    Religion als: »Sinn und Geschmack fürs Unendliche«.

52 Rainer Maria Rilke, Das Buch vom mönchischen Leben – Erstes Buch,
    1899 in: Gedichte, Frankfurt 1992[2],199

53 G. W. F. Hegel, Vorlesungen über die Philosophen der Geschichte, Werke
    12, 27

54 Exodus 20,4

55 Johannes Brenz, in: Konfirmationsbuch der Evangelischen Landeskirche
    in Württemberg, 33

56 Sören Kierkegaard, zit. in: K. Vopel, Glaube und Selbsterfahrung im Va-
    terunser, 6

57 Matthäus 6,9–13

58 G.W. Nishijima, Drachen, Berlin 2008, 101–125

59 Sigmund Freud, Vorlesungen zur Einführung in die Psychoanalyse, 294
    in: Ges. Werke XI, Frankfurt 1986[8]

60 Jacques Monod, Zufall und Notwendigkeit, München 1971

61 Christine Lavant, Gedichte, Frankfurt 1987

62 Jacques Monod, Zufall und Notwendigkeit, München 1971

63 Antonio Damasio erläuterte seine Theorie der Emotionen im Festsaal
    der Uni Tübingen/siehe Bericht der Stuttgarter Zeitung Nr. 128 vom
    Donnerstag, 5. Juni 2014

64 Eugen Drewermann, zit. bei: Hubertus Halbfas, Religionsunterricht
    nach dem Glaubensverlust,Ostfildern 2012, III 1, Anm. 45

65 Hans-Peter Dürr, Warum es ums Ganze geht – Neues Denken für eine
    Welt im Umbruch, München 2010[3], 112

66 Mail vom 9.12.2012 an Karlheinz Bartel

67   Hans-Peter Dürr, Es gibt keine Materie, 39 ff.

68   Albert Einstein

69   Friedrich Nietzsche, Der tolle Mensch, in: Die fröhliche Wissenschaft, Frankfurt u.a. 1969, 400–402

70   s.o. 24–26

71   Gerhard Wehr, Mystik im Protestantismus, München 2000, 128–132

72   1. Korinther 3,16

73   Carl Friedrich von Weizsäcker, Notizen zum Gespräch über Physik und Religion, 1976 in: Der Garten des Menschlichen, München 1977, Neuausgabe 1992, 441–443

TEIL III

1   Heinrich Zimmer, *Kunstform und Yoga im indischen Kultbild,* 1987, 104 -138/ Mahasukha – Yogawiki

2   Matthäus 16,24 in eigener Übersetzung

3   Hans-Peter Dürr in seiner Mail vom 9.12.2012

4   Friedrich Wilhelm Graf, Kirchendämmerung, München 2011, 189

5   Matthias Kroeger, Im religiösen Umbruch der Welt, Stuttgart 2004, 281f.

6   Oskar Heiler sagte u.a. diesen Satz, als ich ihn zum Seniorenclub in die evangelische Kirchengemeinde abholte.

7   Rainer Maria Rilke, Abendmahl, 537

8   Abendmahle sind spezifische Feiern des Lebens. Ich erinnere an die Feierabendmahlstradition bei Evangelischen Kirchentagen, insbesondere das interreligiöse Konzept »Kommt, lasst uns hinaufziehen!«, das wir in Stuttgart 1999 erarbeitet haben.

9   »Lorenzer Ratschläge«, zugänglich in: 28. Deutscher Evangelischer Kirchentag Stuttgart 1999 (Hrsg.), Kommt laßt uns hinaufziehen, Feierabendmahl, 39–41

10   G. W. F. Hegel, Vorlesungen über die Philosophie der Religion, Werkausgabe (17), 327

11   Hubertus Halbfas, Regligionsunterricht nach dem Glaubensverlust, Ostfildern 2012, 113

12   Lutz von Werder, Das philosophische Café, Uckerland 2011, 50f.

13   Bertolt Brecht, Was ein Kind gesagt bekommt, in: Das Menschenhaus, Frankfurt 1968, 179

14   Exodus 3,5

15   Manfred Josuttis, Der Pfarrer ist anders, München 1982, 219f

16   Jeremia 31,31-34 und Hesekiel 36,26f

17   1. Korinther 15,28

18   Hans-Peter Dürr, in dem auf S. 117 f. zitierten Brief

Literatur

Bartel, Karlheinz, Gustav Werner – Eine Biographie, Stuttgart 1990

Brantschen, Niklaus, Das Viele und das Eine, München 2009

Braun, Herbert, Jesus, Stuttgart 1969

Brecht, Bertolt, Ges. Werke in 20 Bänden, Frankfurt/M. 1968

Buber, Martin, Ich und Du, Heidelberg 1974[8]

Bultmann, Rudolf, Neues Testament und Mythologie, 1941

Crossan, John, Dominic, Der historische Jesus, München 1995[2]

Dalai Lama, So einfach ist das Glück, Freiburg 2015[5]

Dietrich, Reinhold (Hg.), 49 Zengeschichten, Elixhausen 1996

Dogen, Meister, Shobogenzo, Heidelberg 2001

Dürr, Hans-Peter, Warum es ums Ganze geht, München 2010[3]

Dürr, Hans-Peter, Es gibt keine Materie, Amerang 2012[2]

Eckhart, Meister, Deutsche Predigten und Traktate, Zürich 1979

Fieger, Michael, Das Thomasevangelium, Münster 1991

Freud, Sigmund, Vorlesungen zur Einführung in die Psychoanalyse, in:
    Ges.Werke XI, Frankfurt 1986[8]

Fromm, Erich, Haben oder Sein, Stuttgart 1976

Fukuyama, Francis, The End of History and the last Man,
    München 1972

Funk, Robert W., The Coming Radical Reformation, Twenty-one
    Theses, 1998

Goethe, Johann Wolfgang von, West-östlicher Divan

Gogarten, Friedrich, Wider die romantische Theologie, in: Anfänge
    der dialektischen Theologie, München 1963

Graf, Friedrich Wilhelm, Kirchendämmerung, München 2011

Halbfas, Hubertus, Glaubensverlust, Ostfildern 2011

Halbfas, Hubertus, Religionsunterricht nach dem Glaubensverlust –
Eine Fundamentalkritik, Ostfildern 2012

Hegel, Georg Wilhelm Friedrich, Phänomenologie des Geistes,
Werkausgabe Band 8: Frankfurt 1986

Hegel, G. W. F, Vorlesungen über die Philosophie der Religion,
Werkausgabe Band 16: Frankfurt 1986

Hegel, G. W. F, Vorlesungen über die Philosophie der Religion,
Werkausgabe Band 17: Frankfurt 1986

Hegel, G. W. F, Enzyklopädie der philosophischen Wissenschaften I,
Werkausgabe Band 8

Hesse, Hermann, Siddhartha, Frankfurt 1974

Huntington, Samuel P., Kampf der Kulturen, München/Wien 1996

Jehle, Frank, Emil Brunner – Theologe im 20. Jahrhundert, Zürich 2006

Jeremias, Joachim, Neutestamentliche Theologie, Gütersloh 1971

Jörns, Klaus-Peter, Notwendige Abschiede –Auf dem Weg zu einem
glaubwürdigen Christentum, Gütersloh 2004

Josuttis, Manfred, Der Pfarrer ist anders – Aspekte einer
zeitgenössischen Pastoraltheologie, München 1982

Der Koran. Vollständig und neu übersetzt von Ahmad Milad Karimi,
Freiburg 2014

Kroeger, Matthias, Im religiösen Umbruch der Welt, Stuttgart 2004

Kühn, Rolf, Innere Gewissheit und lebendiges Selbst – Grundzüge der
Lebens-Phänomenologie, Würzburg 2005

Laotse, Tao-Te-King, Stuttgart 1961

Lavant, Christine, Gedichte, Frankfurt 1987

Limbeck, Meinrad, Das Reich Gottes ist da, Stuttgart 2000

Luther, Martin, Vorrede zu Band I der lateinischen Schriften der
Wittenberger Luther-Ausgabe 1545, WA 54, 179 – 187, in: Luther
Deutsch, Band II

Meadows, Dennis, Die Grenzen des Wachstums, Stuttgart 1972

Merton, Thomas, Weisheit der Stille, München und Wien 1975

Moltmann, Jürgen, Der lebendige Gott und die Fülle des Lebens,
Gütersloh 2014

Monod, Jacques, Zufall und Notwendigkeit, München 1971

Nishijima, G. W., Begegnung mit dem wahren Drachen, Berlin 2008

Nietzsche, Friedrich, Die fröhliche Wissenschaft, Werke II (K. Schlechta), Frankfurt u.a. 1969

Oreskes, Naomi/Eric M. Conway, Vom Ende der Welt, München 2015

Plevrakis, Ermylos, Das Absolute und der Begriff, Zur Frage philosophischer Theologie in Hegels Wissenschaft der Logik, Tübingen 2017

Precht, Richard David, Die Kunst, kein Egoist zu sein, München 2010[2]

Rahner, Karl, Schriften zur Theologie, Band VII, Zürich 1966

Rilke, Rainer Maria, Die Gedichte, Frankfurt 1992[2]

Rosa, Hartmut, Resonanz- Eine Soziologie der Weltbeziehung, Berlin 2016[2]

Schleiermacher, Friedrich Daniel Ernst, Über die Religion. Reden an die Gebildeten unter ihren Verächtern. (1799), in: Ders. Kritische Gesamtausgabe, Bd. I/2: Schriften aus der Berliner Zeit 1769-1799, hg. v. Günter Meckenstock, Berlin/New York, 1984

Schweitzer, Albert, Von Reimarus zu Wrede. Eine Geschichte der Leben-Jesu Forschung, Tübingen 1906

Schweitzer, Albert, Die Mystik des Apostels Paulus, Neudruck der 1. Auflage von 1930, Tübingen 1981

Seneca, Lucius Annaeus, Vom glückseligen Leben, München 1959

Spengler, Oswald, Der Untergang des Abendlandes, 1912, Gek. Ausg.: München 1959

Suzuki, Daisetz Teitaro, Leben aus Zen, 1982

Tillich, Paul, Religiöse Reden, Berlin 1987

Troeltsch, Ernst, Die Absolutheit des Christentums und die Religionsgeschichte (1902) München und Hamburg 1969

Vopel, Klaus W., Glaube und Selbsterfahrung im Vaterunser, Hamburg 1971

Wehr, Gerhard (Hrsg.), Martin Luther – der Mystiker, Ausgewählte Texte, München 1999

Wehr, Gerhard, Mystik im Protestantismus, München 2000

Weischedel, Wilhelm, Die philosophische Hintertreppe, München 1975

Weizsäcker, Carl Friedrich von, Bedingungen des Friedens – Mit einer Laudatio von Georg Picht, Göttingen 1964[3]

Weizsäcker, Carl Friedrich von, Der Garten des Menschlichen, München 1992

Werder, Lutz von, Das philosophische Café, Uckerland 2011[2]

www.bundestag.de/dokumente/.../2011/36131899_kw42_pa_ wachstums-enquete/ 24.10.2011

Zager, Werner, Rudolf Bultmann als Mensch und Theologe, Vortrag, gehalten am 20. August in der St. Lamberti-Kirche in Oldenburg

Zimmer, Heinrich, Kunstform und Yoga im indischen Weltbild, 1987, 104–138 Mahasukha – Yogawiki